打败吃时间的怪兽

儿童时间管理图解

浣溪 著

华东师范大学出版社

推荐序

时间管理从娃娃抓起

浣溪是我们"慧育家"正面管教家长课、讲师班的学员，也是我们微信平台上的专栏作者。和浣溪接触不多，只是不断地听讲师们说起，她是一位才华横溢的妈妈，会做一手漂亮的 PPT，讲课颇受欢迎，俩娃伶俐可爱。有一天，微信编辑圆圆说，浣溪写了一本书，涉及正面管教的内容，想请我看看，作个序。于是我便有了先睹为快的机会。更幸运的是，我从书中学到很多立即可以落实的帮助孩子学习时间管理的方法。

在时间管理启蒙上，我要感谢我的爸爸。记不清是小学几年级的暑假，一放假，爸爸就把我和妹妹叫过去，给我们一张纸、一支笔，说，你们长大了，关于假期里的每一天要怎样度过，需要写个计划出来。于是我有了自己的第一张"惯例表"。那是我第一次思考：日子不能浑浑噩噩地一天天混过去，我需要做些计划。这张惯例表也一直影响着我的生活和工作。

在美国工作期间，公司曾提供各类软技能培训，时间管理也是其中之一，FranklinCovey 的效率手册曾陪伴过我一段时间。爸爸的时间管理启蒙让我开始认识到日子要有计划，企业里的时间管理学习和实践教会我技能，让我受益匪浅。在快节奏的当今社会，时间不够用啊，拖延症啊，压力大啊，着实困扰着不少人。如果孩子从小就具备时间管理的能力，他的人生是否会更丰盛？所以，当我看到浣溪的这本儿童版时间管理书的时候，真是眼前一亮，它可能会让多少人的人生由此不同。

浣溪拥有多年管理经验，她把时间管理很好地用于个人生活：带俩娃、讲课、写书……日子过得着实精彩。她还帮助孩子制定"惯例表"，从小学习时间管理。这本儿童版时间管理书，配有趣味直观的图片，还根据不同年龄段儿童的特点，区分了时间管理的理念和方法，细化并扩展了"惯例表"，提供了更多的工具和选择，大大增强了书的实操性和趣味性。利用碎片时间读完这本书后的第一个想法就是，赶快回家和娃尝试一下，真有趣。我其实并不期望自己的孩子成为时间管理达人，由此变得多么"成功"，我只希望她慢慢开始学习一项人生技能，有机会拥有更多时间享受生命的丰盛。

"惯例表"是正面管教的工具之一，制作起来看似很简单，但问题是：怎样以孩子为主体，和孩子一起制作，而不是由家长代办或者使它成为控制孩子的工具。毕竟，完成"惯例表"上的任务才是成功，当"熊孩子"说了不做，做了也不能坚持的时候，家长需要和善而坚定地帮助孩子应用时间管理的技能继续下去，这是以家长与孩子之间平等尊重的关系为基础的，家长需要鼓励孩子，而不是控制、强迫，或者骄纵。浣溪的实践融会贯通了大量正面管教理念和方法。

针对像我一样读完书就想尝试的家长，我想分享一些实践经验，希望对你有帮助：

(1) 首先明确：你的目标是什么？是帮助孩子学习时间管理的技能，还是立即解决孩子早上不起床、晚上不睡觉、放学回家不写作业等问题？如果是帮助孩子学习时间管理的技能，这项学习的主体是谁？时间管理是谁的事？既然管理的是时间，那么时间又是谁的？是的，这是孩子的人生，是他的时间，也是他的技能。如果时间是一架飞机，孩子就是学习驾驶这架飞机的人，而家长仅仅是陪练人员，帮助孩子学习的过程是一个家长逐渐放手的过程。

(2) 罗马不是一天建成的，学习任何技能也不可能一蹴而就。这个过程可能会很长，孩子可能会犯错误，也可能会退步，因为他无法做到完美，就像你我不可能是完美的家长一样。当他没有遵守惯例表，赖床、拖延、不睡觉，甚至有时大哭大闹，让我们感到无比恼怒的时候，请提醒自己：他在学习中，这正是学习的时机。

(3) 如果你从未尝试过时间管理，那就先从自己做起，也给自己做个"惯例表"吧。也许，这本书不仅仅会让孩子的人生从此不同，也会让你的人生有所改变。

(4) 如果你的尝试遇到了挑战，比如孩子的种种不配合、耍赖、言而无信、对着干，有时你甚至会遇到家人的阻挠，导致你不知所措、心情沮丧，甚至都想放弃了，那么，来正面管教的家长课堂吧，一定能让你得到帮助。

感谢浣溪把时间管理的学习内容写得如此生动，如此具有操作性，期待她不断发挥她的才华、能力和经验，写出更多的亲子教育书籍。

张宏武
中国正面管教协会主要发起人、首任会长

文艺青年

十多年前,我还是一个年轻的姑娘,做着一份自己喜爱的工作,闲时谈谈恋爱、做做美食,生活是那么美好。

在工作中,一个人扛得下 200 人规模的招聘项目,加班到每天只睡 3 个小时,一样风风火火,干得不亦乐乎。老板认为我一定是一个在事业上有很大追求的人,然而我知道其实自己是个追求生活与工作平衡的人。

从 BBS 时代就开始玩烘焙,写着有点小知名度的美食博客,出版了自己的第一本图书,谈谈美食,说说爱情,也算是个不折不扣的文艺女青年。

朋友们都疑惑我哪来那么多的时间和精力,我却一直觉得理所当然,生活本来就应该是这样的。

成为妈妈

2009 年,我成为了妈妈,一个过敏体质、早产的男孩儿的妈妈,一个工作到临盆前一天的职场妈妈。

向左转,我是孩子的妈妈。我的孩子体弱难养,5 岁前,有记录的就医次数就超过 80 次。秉持着第一个孩子照着书养的想法,我看了各种育儿书,尝试了各种不同的育儿方式,也带着娃奔走在不同的早教机构,体验各种类型的学习。我的工作之余的时间全数给了孩子,陪着他玩、陪着他学、陪着他成长。

向右转，我是企业高管。刚休完产假返回职场，就遭遇公司业务板块重组、职能部门改建。我带着一个下属，在一年半的时间里，组建了一整个全新的 HR 团队，招聘出了一个与旧业务规模相当的千人公司。

我母乳喂养至孩子 15 个月，除了出差，每晚都自己照顾孩子；我也曾在通宵照顾发烧的孩子后，第二天依然准时出现在公司，开会、面试、培训……

夹在职场与孩子中间，我尽了最大的努力，并且自认为合格。孩子没有成为我职业发展的障碍，工作也没有阻挡我成为一个好妈妈。

成为两个孩子的妈妈

2014 年，我按计划成为了两个孩子的妈妈，却计划外地成为了一名全职妈妈。在非高龄产妇尾巴的年龄怀了老二，孕期的反应和第一次不可相提并论——早期是强烈的孕吐，中期各种指标异常，晚期还浮肿到难以行走。更要命的是，孕期的"生存环境"也和怀大宝时不可同日而语——为了追赶乱跑的老大，我摔得躺倒在地上，还没有任何路人敢来扶；老大发高烧却碰上老公出差，只能挺着大肚子开车送娃去医院……从不显怀到肚如笸箩，去医院成了家常便饭，到最后连儿科医生都看着我硕大的肚子说"当心点，别被传染了！"整个孕期，我战战兢兢又竭尽所能，像没有怀孕一样地陪伴儿子。各种辛苦，经历过的人都能理解。

此外，还有那个该死的"不能输在起跑线上"的伪命题。尽管没有给儿子报太多的兴趣班，但我也不认为家庭里的启蒙学习是可以省略的——每天 1 小时以上的中文阅读雷打不动，用英文磨耳朵也是必要的，数学思维训练更不可少，还有运动、手工、桌游……总而言之，好多事情！

如果老二的到来，会让老大的生活发生天翻地覆的变化，换了我是老大，恐怕也对那个小毛头喜欢不起来。我一直希望能做到有老二也绝对不亏待老大，孕期的经历"迫使"我认真思考：如果要同时兼顾工作，我真的可以做到让老二拥有和老大儿时同样的照顾，而让老大的生活又尽量保持原来的样子吗？思前想后，我觉得实难兼顾，于是决定回家带孩子！因为我清楚地知道，我的时间、精力只够满足我对两个孩子抚养教育的需求。事业可以有不同的可能性，而若错过了

孩子的成长，永远无法弥补。

我总觉得任何的挑战都不算难事，因为问题都会有解决的办法。当然，回归家庭，并不意味着没有来自时间的挑战。作为一个爱看书的理论派，我已经可以想象：两个年龄、性别以及陪伴需求完全不同的孩子，绝对会把"时间不够用"这个难题甩到我面前。

当我着手为做月子时可能出现的时间问题寻找解决方案时，我第一次意识到，其实我一直在家庭里为我的孩子做着和企业里相似的时间管理，只是之前一直觉得这一切都是理所当然的：工作生活就应该是这样平衡的，两手抓两手都要硬。于是，我开始认真地去回顾、思考我在家里是怎么陪孩子做时间管理这件事的。

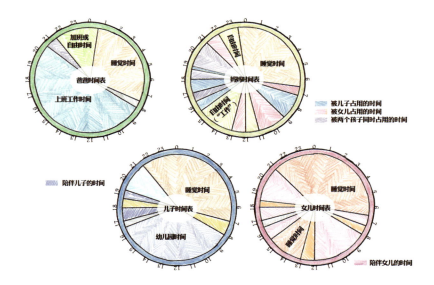

这是我们一家四口目前最典型的时间分布，很明显，作为全职二宝妈的我，时间分布几乎和孩子们的完全重叠，而且还被切割成细碎的片断。幸运的是，孩子们的外公外婆给予了我最大的支持，让我有了些许自由时间来进行各种"折腾"（工作尝试），包括完成这本书稿。假设，随着孩子们不断长大，他们开始具备独立娱乐的能力，那么他们是否会"释放"一些时间给我？再假设，在一些孩子们力所能及的事情上，如果孩子们有时间管理的能力与工具，使他们可以自行管理自己的生活，那么他们是否又会进一步"释放"更多的时间给我呢？

我很庆幸，在最适当的时候，我突然意识到时间管理在家庭生活中的价值，也因此，我从匆忙、慌乱变得渐渐从容，我顺利地度过儿子从入园到幼升小、女儿从襁褓婴儿到牙牙学语的日子。

时间管理的尝试

如果说，一开始，我带着孩子们做时间管理是无心插柳之举，那么当我意识到给孩子做时间管理训练的价值时，我就有意地将其视作家庭教育的重要组成部分。

中国家长在面对孩子的教育问题时，总是焦虑、纠结，但值得我们思考的是——家庭教育到底要教什么？

当前国内的教育大环境是家庭在承担了太多原本应该由学校承担的知识教育的责任；而在品格、素质或传统的承袭等方面的教育上（这些本应由家庭更多地承担），家长却严重缺位。

育儿不只是照顾孩子的吃穿用度，也绝不只是为了让孩子升学成"才"。孩子可以不是一个通常意义上的"精英"，但却必须是一个堂堂正正的人，一个能够自重、自立、自强的普通人，而这些能力与品质，是需要从小耳濡目染的。

时间管理表面上是管理时间、事件以及这两者之间的关系，本质却是自律地进行自我管理；教会孩子时间管理的方法，就是把控制自己生活的主动权交还给孩子自己！孩子终会有离开我们独立生活的一天，一个自律的孩子，一定会更容易适应学习、工作，适应生活和社会。

二孩妈妈、职场妈妈、全职妈妈、男孩妈妈、女孩妈妈，这些都是或曾经是属于我的身份标签，我在这些身份状态下，真切地体会到帮助孩子学会时间管理这件事对于孩子和我的价值——少了一些吼叫、多了一些笑声；少了一些严厉的管教、多了一些温馨快乐的互动。家庭氛围好了，孩子和我们的关系也就好了，在这样的情境下，无论是学习、工作还是生活，体验都会更好。

在这本书里，我会把我所知道的并与孩子们实践过的时间管理的工具、方法都细细道来。虽

然我坚信它们对所有的家长都有价值，但世界上确实没有一种育儿工具可以完全适用于每一个孩子，也没有一种育儿理念可以获得所有人的认可，所以"请带走你想要的、留下你不需要的"，我相信，你一定能够从中受益。

接受不完美的现实

或许有人会好奇：你看，你都给孩子做了那么多训练了，是不是在你家里就总是一派令人羡慕的美好景象：孩子乖巧听话、懂事自律，自己就能管好自己的生活，而妈妈就可以手捧一杯咖啡、一本书，悠然自得？

嗯……如果现实真的如此美好，那大概也就不叫现实了。

事实上，我依然常常觉得时间不够用：孩子们全睡下后的 2、3 个小时大概是我的能用于自己工作、思考或者娱乐的黄金时间了。在写这本书的过程中，若没有外公外婆的鼎力支持，让我在白天可以有整段的写作时间的话，估计就算再过一两年，我都完不成这本书稿的写作。

而孩子们那一边呢？在我即将完稿时，儿子正处于 6 岁叛逆期，自我管理、情绪管理都十分混乱。哪怕时间管理工具是有效的，我们也需要不断地敦促、提醒孩子，帮助他不断制定、更新、实施！就孩子的时间管理训练而言，根本没有"一劳永逸"这一说，只有不断地坚持、坚持、再坚持！

　　月上枝头时，我哄着妹妹先上床，哥哥一个人看了会儿书，然后刷牙、尿尿、换睡衣、上床、关灯，这时爸爸下班回来了，哥哥、妹妹一起和他说一声"Good night! I love you!"

　　这般美好的画面每晚都在我家出现，现实中完美的场景，也是有的。

　　完美与不完美总是相伴而来，接受不完美的现实，需要智慧，也需要勇气！

浣溪

IT'S ABOUT TIME

目 录

 下篇　　给 N 岁孩子的时间锦囊

- work it! -

单元 1

6 位妈妈的时间难题

→ 新手妈妈：恨不得把娃塞回肚子里

怀胎十月，一直期盼着早点和肚子里的娃见面，但就是有那么些不知趣的过来人会"笃悠悠"地告诉你："哼哼，到时候你就知道了，在肚子里时最太平，出来都是事儿啊！"

孩子出生以后，喝奶是大事，撒尿、拉屎甚至放屁都是大事，而新妈妈自己呢？刚刚走过一趟鬼门关，伤口还在痛（无论顺产或剖腹产），产后虚汗一身一身地出，母乳喂养就是个挑战；一面是困得恨不能睡个三天三夜，一面是孩子每两个小时醒一回，不是饿了就是尿了，或者是肠绞痛了，又或者只是睡不着想要妈妈抱抱了。

这就是小天使降临后的最初几个月每个家庭的真实写照。恨不得把娃塞回肚子里，恐怕是太多新手妈妈的共同心声。

多米妈妈
服务业，市场销售经理；儿子多米 4 个月

2016 年 1 月 22 日 19 点 42 分，我剖腹产下 3880 克的小多米。虚弱和麻药过后的疼痛是产后几天的真实感受。那时还未进入当妈的状态，半夜醒来发现身边突然多了一个小家伙，心里就嘀咕："我好像和你还不是很熟哎。"

出院后，新妈就正式上路啦！希拉里说过"我第一次做妈妈，你第一次做我的子女，我们是彼此关照，共同成长"。尽管早就对开始时的手忙脚乱、不知所措做足了心理准备，甚至也做了计划、做了产前学习，但当真切地碰到实际情况时，新手妈仍然难免焦虑，窘况不断：

刚脱下尿布，尿就喷涌而出。

刚换好尿布，"噗"……"黄金万两"就出来了！

凌晨 1 点，好不容易做上了美梦，"哇……哇……"什么声音？迷迷糊糊醒来，才意识到是多米要喝夜奶了！

自从当了妈，我的生活就彻底改变了：当多米还在我的肚子里时，我就把高跟鞋收进了鞋柜，把香水藏进了抽屉。生产后，为了发奶、追奶，顾不得减肥大

计，每天喝下各种汤水；淘宝的购物车里全是母婴产品；没有时间睡个好觉，没有时间和闺蜜喝下午茶，甚至也没有时间和多米爸爸过"两人世界"……

"多米已经来到我的身边，想塞也塞不回去啦！"孩子一天天在长大，看着他在胸前安心地吃奶，看着他第一次冲我笑，就觉得所有的辛苦都值得，因为我的世界从此多了一个你。

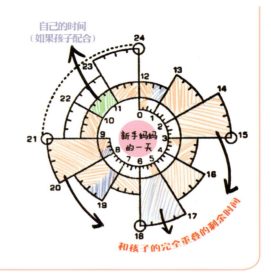

新手妈妈的一天

08:00 ~ 08:30	多米起床，为多米洗脸、换尿布、做抚触
08:30 ~ 09:30	陪多米玩（抽空洗脸、刷牙、吃早餐）
09:30 ~ 10:00	给多米喂奶，多米可能顺便同时拉个便便
10:00 ~ 11:00	多米睡觉（如果能睡足1小时，我就可以做点自己的事，可惜现实往往很残酷）
11:00 ~ 12:00	陪多米：陪唱、陪玩、陪抱、陪走（带娃真是个体力活！！！）
12:00 ~ 12:30	给多米喂奶
12:30 ~ 14:00	多米睡午觉，我吃午饭
14:00 ~ 15:00	帮多米洗澡、做抚触
15:00 ~ 15:30	给多米喂奶
15:30 ~ 17:00	陪多米：陪唱、陪玩、陪抱、陪走、陪外出（带娃是个体力活！！！）
17:00 ~ 18:00	多米小睡，我陪着一起眯一会儿
18:00 ~ 18:30	给多米喂奶
18:30 ~ 20:00	喂奶、陪玩，在多米哭闹时哄他，其间自己抽空吃晚饭
21:00	多米睡觉
00:00	第一次喂夜奶
03:00	第二次喂夜奶
05:00	第三次喂夜奶

→ 职场妈妈：职场在左、家庭在右

结束产假返回职场，一片恭喜声后，就该干嘛干嘛了。从此以后，自己的身份不再是潇洒无牵挂的女青年，而是职——场——妈——妈！

在职场，大家可不会因为你是个背奶妈妈，就为你空出固定的泵奶时间；在职场，大家可不会因为你晚上照顾孩子没好好休息，就为你把 deadline 延后；在职场，大家可不会因为你有个生病的孩子要照顾，就替你完成本属于你的那份工作！

如果，工作只是 8 小时的事，那还稍稍好一些，但是，工作的事儿真的只有 8 小时吗？且不说求晋升谋发展，单说要达成绩效、做个称职的员工，不付出足够的甚至是额外的时间、精力，大约都是非常困难的。身在职场，身不由己的事情太多太多！

那么，家里那个经历着离别焦虑、苦苦等着妈的孩子呢？那个也想得到关怀，想重温爱情的伴侣呢？那几位因为照顾精力旺盛的孩子而需要换班休息的老人呢？

如果一天有不止 24 小时，如果吃饭、睡觉可以不需要时间，大概，时间会更够用一些吧！

跳跳妈 公务员；女儿跳跳 6 岁，正处于幼升小的纠结时期

如果用比喻的方式来说左脑代表了工作，右脑代表了家庭的话，让我烦恼的是，有时左脑运作的时候完全忘了右脑，而右脑运作时，左脑却常常出来搅和。职场和妈妈，工作和家庭，怎么就这么两难呢？

过去从未认真地梳理过自己的时间表，写下自己具有代表性的一天后，自己也吓了一跳：原来我和孩子每天在一起的时间，满打满算也只有两个半小时。而这两个半小时里，我频率最高的用词是"快点快点，抓紧抓紧，速度速度……"

眼看着周围的"鸡血"妈妈们，热情高涨地讨论着幼升小、民办面试，我万分无奈地看着我的时间表，心想，哪里能容我挤一挤，再挤一挤，让我也"鸡血"一把……

第二天，加班晚归，"鸡血"的念头烟消云散。看着我家跳跳兴高采烈地对我

说"我在幼儿园里不算最好的，当然也不算最差的"，只能安慰自己：混中游的孩子是最幸福的孩子；混中游的妈妈，也别逼得自己太累吧。

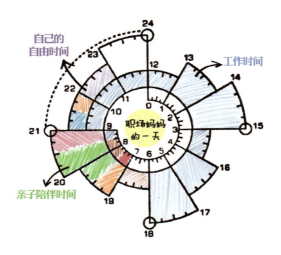

职场妈妈的一天

07:00 ~ 07:30	拽起迷迷瞪瞪的小朋友，帮她穿衣、洗漱、梳头，拥抱她。争分夺秒地半小时后，小朋友坐到桌边，爸爸无比默契地送上早餐。我一口气喝下牛奶，拿着已经打包好的早餐，挥手告别
08:30 ~ 18:00	照例是忙碌的工作日，虽说17:30下班，但基本没有准点过，完美状态是18:00关电脑回家，偶尔还要夹带着要回家赶工的报告
18:00 ~ 18:45	每天13公里的单程回家路，要是遇上拥堵，只能默默心塞……
19:00 ~ 19:30	最幸福的事情是到公婆家就能吃饭，家有二老就是宝啊！如果下班回家还要忙着做饭，光想想就感到"泪奔"。吃完晚饭，赶紧催着一大一小回自己家
19:30—20:30	亲子时间到了：喂小仓鼠，书法半小时，英语阅读半小时
20:30 ~ 21:00	赶鸭子一般地帮助孩子洗澡、刷牙、上床
21:00 ~ 21:30	爸爸给孩子讲故事，我忙着收衣服、整理房间、洗衣服等
21:30 ~ 22:00	我的洗澡时间
22:00 ~	我的自由时间，有时加班，有时看剧，有时只想睡觉

→ 全职妈妈："忙"与"茫"

孩子生命的头三年，母亲的陪伴会让孩子受益终生。家里没有老人可以帮忙，请个保姆不放心，价格又棘手；生了二宝，多了个娃，多了不止一倍的事……各种各样的原因，让一些妈妈主动或被动地选择回归家庭。

回到家才发现，作为妈妈兼启蒙老师，要照顾孩子吃喝拉撒、娱乐、学习；作为家庭主妇，要买菜、做饭、洗衣服、收拾房间……家务活真不少；作为妻子，要关心另一半，谈谈心、聊聊感情……

夜深人静之时，开始想：自己每天从早到晚，为家、为孩子、为先生，可自己呢？自己在哪里？和在职场相比，这种杂乱无章的忙碌不仅让人没有成就感，更没有明确的节点，仿佛无休无止、没有尽头。如果要把这样的日子过得更有意思，该怎么做？如果未来还想再出发，又该做些什么呢？

丁 当　全职妈妈，目前定居苏格兰；女儿语后 4 岁半，儿子言弟 1 岁半

坐拥二娃后，要做的事情其实并不简单，生活也绝不是像朋友圈里晒的那样悠闲惬意。成为妈妈，再到成为两个孩子的妈妈，要面临生活状态的根本性改变，一旦随性而为就容易陷入无从下手、一团乱麻的境地。

和先生刚有女儿语后的时候，懒觉、晚睡依然可以是常态，但是儿子言弟出生之后，晚睡常有，懒觉却已经不是奢侈而是奢望了。

身在异乡，日常生活不像在国内时那样有老人帮忙，要保证窗明几净、三餐健康的基本生活水准以及两个孩子的教育娱乐，必须完全靠自己。事多人忙，常常把事情"不小心"忘掉，或者因为"啊！我好累，明天再做吧！"之类的小借口使事情搁置下来。但事实是，明天、明天的明天都依然是满满当当的一天，根本就没有空余的时间来完成前一天因太累而没有做的事，所以今日事必须今日毕。曾经有

一段时间发现自己除了睡觉以外无时无刻不处于神经紧张、争分夺秒的状态，人忙得像个机器，跟孩子们的交流时间也非常有限，除了参加活动、送孩子上下学，根本就没有可以和宝贝们坐下来玩个游戏的空档，和先生的沟通也被挤压到深夜，或者干脆他忙他的、我忙我的。自己更是充满压抑和疲劳。周围的老外妈妈一拖二、一拖三的比比皆是，换了我怎么就不行了呢？

重压之下必有勇夫，最终我发现最"多快好省"的办法就是给自己制定每周、每日的详细计划：调整活动时间，进行清单式任务管理，帮助孩子们形成生活惯例。终于，我慢慢走出了忙乱的状态，虽然每天上床前还是会用尽最后一点力气，但是一切尽在掌握之中的安全感，让我很安心也很享受。

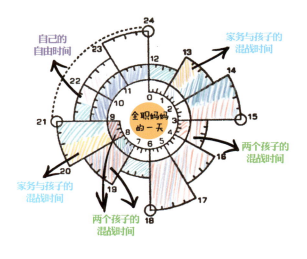

全职妈妈的一天

07:00 ~ 07:30	言弟起床，给言弟穿衣服、洗脸刷牙
07:30 ~ 07:50	准备早餐

07:50	言弟自行进餐，语后醒来；打开电视，播放动画片
	乘此机会上楼敦促语后换衣服、洗漱，顺便自己也进行洗漱
08:10	语后进厨房开始吃早餐，期间帮语后梳头发，言弟用完早餐自己玩玩具
08:45	开车送语后去幼儿园
09:00	语后准时入园，带言弟在幼儿园周边晃一圈
10:00 ~ 10:45	在亲子中心和言弟玩亲子游戏
11:00 ~ 11:40	言弟在室内游乐场活动，我与其他家长闲聊，期间言弟吃完点心
12:20	到家，言弟午睡，开始准备先生、自己和言弟的午餐，把衣服扔进洗衣机
13:00	午餐
13:30	陪言弟玩，穿插做家务
14:30	出发去幼儿园接语后
15:30	带语后去上游泳课
16:30	在餐厅解决语后和言弟的晚餐
18:00	到家，语后、言弟的爸爸时间开始了，爸爸陪玩，而我开始准备自己和先生的晚餐
19:00	语后、言弟的卧室游戏时间，帮助他们洗澡、刷牙，为他们讲故事
19:30 ~ 20:00	陪睡
20:00 ~ 20:30	我和先生的晚餐时间
20:30 ~ 21:30	晾衣服，收拾客厅，收拾餐具，整理第二天带言弟出门时的包
21:30 ~	处理邮件，看看社交网络，看看关注领域的新动态，躺倒……
半夜	语后、言弟分时段上厕所；处理孩子们各种突发的事件换尿布、做噩梦、想妈妈……

→ 二孩妈妈：你到底爱谁

在爷爷奶奶那辈儿，七八个孩子都能拉扯大；老外家庭四五个孩子都可以养得阳光灿烂；怎么到了我们这辈人这里，养俩娃就成了道难题？

老大要看书、老二要跳舞，一个要你念、一个要你欣赏；老大要学习、老二要搭积木，一个要你辅导、一个要你陪玩；老大要去上兴趣班、老二想去公园玩，都要你陪……怎么陪？两个孩子的频道调不到一起的时候，"你到底爱谁？"就成了道两难命题！

如果可以有分身术，把自己一掰为二，该有多好！如果……如果没有生第二个娃，是不是更好？

马虎妈

金融业，经理；女儿淇淇 5 岁半，儿子小宝 1 岁半

老二的到来纯属意外。作为典型的 80 后独生子女，我从未体会过有兄弟姐妹是什么样的感觉，也没有想过要刻意去凑成一个"好"字。然而随着新生命的降临，我开始慢慢学习如何与二宝相处，如何去平衡工作与生活。无论这种学习是自发的，还是迫于无奈，它都将成为我生命中难忘的记忆。

坦率地说，很多时候，我对女儿是心存愧疚的——怀老二时无法满足她撒娇要"抱抱"的要求，而现在她长高了、长大了，我也已经抱不动她了；因孕吐严重，女儿学校的各类活动、小伙伴的聚会都只能由爸爸参加，晚上她只能跟着爷爷奶奶睡，感觉自己缺席了她很重要的一段成长过程，而这种遗憾永远也无法弥补。曾有一阵子，幼儿园老师向我反映，女儿在学校特别情绪化，变得易怒，我想，这与家里突然来了个小弟弟与她"争宠"有一定关系吧。所以，老二出生后，我总是尽量多花时间陪女儿，一来女孩子本就敏感，容易有心理负担；二来大宝对于二宝自然有种榜样的力量。我从不灌输给她"姐姐要让弟弟"的思想，只以事实论是非。

不可否认，生孩子对职场女性有很大影响。且不论这本就是个男人当道的天下，怀老二时我就错过了职业生涯中很好的一次机会；而老二 1 岁后，因他不肯断奶、我也不愿离开上海，再次放弃了晋升资格。工作并不会因为你有两个娃而允许你有所懈怠，不会因为你被"熊孩子"闹得一晚没睡而允许你停下脚步。该开的会仍然要开，该加的班仍然要加，该做的决定仍然要做，且不容有误。

家有俩娃给生活带来的最大改变，就是"生活

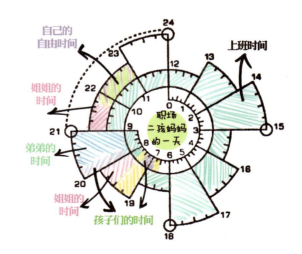

质量的下降"。我已经有两年多没踏进过电影院了，日常购物基本在网上解决。想健身、想做 SPA……想做的事情有很多，可惜没时间。确切地说，看到老人们都在义务帮忙带孩子，撇下他们自己去享受是不是太过自私？都说娃出生后，家长得等到上幼儿园才算"解套"，这样的话，我被套牢的时间都是别人的双倍。人生最美好的时光啊！我不禁"泪奔"……

职场二孩妈妈的一天

06:30 ~ 06:45	起床，洗漱
06:45 ~ 07:00	淇淇、小宝陆续起床，我给淇淇念故事，爸爸帮小宝换尿布、换衣服
07:00 ~ 07:30	给小宝冲奶粉、喂奶、念故事，淇淇自己洗漱、换衣服
07:30	抓紧时间自己吃点早饭
07:40 ~ 19:00	上班——工作——去外婆家接小宝（早上由爸爸送到外婆家）——回家
19:00 ~ 19:30	晚饭
19:30 ~ 20:15	和爸爸轮流陪淇淇做作业，陪小宝念故事或玩玩具
20:15 ~ 21:00	奶奶陪淇淇练钢琴，我给小宝洗澡、冲奶粉、喂奶，哄小宝睡觉
21:00 ~ 21:15	给淇淇洗澡
21:15 ~ 21:45	为淇淇念故事、哄她睡觉
21:45 ~	开始自己的时间

最后感叹一下：这是一个基本不沾家务，家里 4 位老人轮番上阵的职场妈妈周一到周五的时间表。真心感谢我的父母们的无私付出，不然我可能下了班连一口热菜热汤都吃不上。虽然这样陀螺般的日子还要继续一段时间，虽然两娃争抢玩具、拉扯哭闹实在令人"抓狂"，但只要看到他们一起玩耍大笑或者拥抱亲昵的画面，心里就觉得很温暖。希望将来有一天，孩子们会对我说：妈妈，有个姐姐／弟弟，真好。

朗 妈

全职二孩妈妈；儿子朗哥 6 岁，女儿郎妹 2 岁

在周围亲朋好友的眼中，我是一位超级幸运的全职妈妈：家里有能干的外婆和细心的外公一起帮忙照顾一双儿女。然而，当大宝被娇惯了四年，二宝出世后，这个庞大的育儿阵容的成员们还是觉得有点累。但是，再累也不能动摇这个阵容的最高目标：一切为了"少主们"吃好、玩好、学好、睡好。

老大习惯了集万千宠爱于一身：从起床、吃饭、学习、洗澡到睡觉，虽说自理没有问题，但总是消耗着整整一家的人力。自老大出生起，外婆就定下了各种精养细则，至今一条都不允许打破，这样一来，叫我如何分出多余的爱给我的二宝？有时候想想，妹妹有时活得还真有点像是捡来的孩子。

幼升小是个关键的时期，况且二老眼中的大宝是个好苗子，于是各种培训——从体能训练到思维课、外语课充斥着大宝的课余生活，不过这样也好，少了许多两位"少主"正面冲突的混战场面。

于是我每天的生活就变成：白天竭尽全力地讨二宝欢心，总觉得亏欠了她太多；晚上玩命似地陪读大宝，望子成龙。一次，二娃混战中，妹妹撕破了哥哥的看图说话作业本，我秉持着爱幼扶弱的原则拥抱了大哭中的妹妹，大宝来了一句："我从来没想过要这个妹妹"，于是乎，天旋地转……

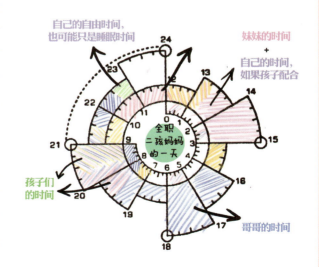

23

全职二孩妈妈的一天

07:00	二孩妈没有懒觉，为了让孩子们享受到亲手做的营养早餐，这个点必须起床
07:45 ~ 08:15	唤醒哥哥，在其朦胧状态下，帮助他在被窝里迅速换上内裤、单裤、袜子，然后搀着睡眼惺忪的哥哥进洗手间开始洗漱
08:15 ~ 08:30	送哥上幼儿园，路上抓紧时间帮他练习50以内加减法心算、英文口语，有时再补点科普知识
08:30 ~ 09:00	哥哥入园，转战菜市场，每天要兼顾全家老小各种特殊需求进行采购
09:00 ~ 10:00	满载而归；妹妹起床后已被二老安置妥当，喂早饭是妈妈应该做的，应该做的还有煮妹妹的水果茶等
10:00 ~ 12:00	午餐前是一天中少有的妹妹独自拥有妈妈的欢乐时光。妈妈卯足劲儿陪伴她画画、阅读、游戏、看动画片，天气好时少不了到户外遛遛
12:00 ~ 12:30	妹妹吃中饭
12:30 ~ 13:30	抓紧吃个午饭，得空了就做一下家务
13:30 ~ 15:00	妹妹的午睡是个麻烦，妈妈必须抓住时机，果断让她"卧倒"，任何手软都会导致陪睡消耗一整个下午
15:00 ~ 16:00	哥哥放学后有课外补习班，为了保证营养均衡，这个点必须开始为他准备水果、点心和晚饭
16:00 ~ 17:30	哥哥放学，母子俩带着充足的粮草，前往下一个上课地点
17:30 ~ 19:30	吃了麻麻的爱心便当，哥哥在英文、逻辑思维、看图说话、跆拳道、足球等课外班精神满满，妈妈们趁着孩子们上课的时间神采奕奕地交流着"'炒鸡牛蛙'养成术"，哥哥在没有课外辅导课的日子就回家练小提琴
19:30 ~ 20:30	回家，妹妹抱妈妈，哥哥抱妹妹，各种亲亲抱抱；哥哥加餐，看电视或平板电脑，看书，玩乐高，此时段为兄妹抢玩具、抢电视的高峰
20:30 ~ 21:30	妈妈洗澡，妹妹洗澡，哥哥洗澡，此时段至入睡为止为抢妈妈的高峰
21:30 ~ 22:00	妈妈辅导哥哥中英文阅读或逻辑思维，或一起看地图、看百科全书；妹妹在小床上辗转反侧，往往又回到妈妈怀里给哥哥添乱
22:00 ~ 22:30	妹妹终于被摆倒睡着了，哥哥睡前的小小要求总该满足吧，好吧，再来半个小时的亲子阅读
22:30	妈妈终于自由啦，但是，噢，那不是妈妈的呼噜声吗……于是妈妈任务表里的会计师年报表的确认函的发送、暑假出游行程制定、家庭相册制作、家族寻根之旅的回顾合集的制作继续被搁浅……其间时不时醒来，给不省心的俩娃盖被子

→ 伪单亲妈妈：一个人

现如今，单亲妈妈太多，有真的失去了爱情、失去了家庭的单亲妈妈，也有先生因为各种原因无法承担照顾孩子责任的伪单亲妈妈。许多单亲妈妈一个人身兼数职：工作赚钱、养育孩子、照料老人，工作事、家务事繁忙，上有老下有小，却只能一个人扛。

孩子可能正处于叛逆期、老人可能正疾病缠身、老板可能分派了无穷无尽的任务，没有休息的时间，没有生病的时间，甚至连自怨自艾的时间都没有，只有选择面对、选择自己坚强……除此之外，还有没有其他选择？

熊猫妈妈 伪单亲妈妈；爸爸长驻美国工作，女儿小猫 5 岁半，儿子小熊 1 岁半

在弟弟出生前，我一直觉得自己能 "hold" 住孩子，无论是在美国还是回到上海后，每天忙忙碌碌，但是还算井井有条。可是弟弟出生后，一切都变了。作为独生子女，对于同胞之间的微妙相处我其实毫无经验，于是新手二娃妈妈、新手姐姐和更加新手的弟弟，开始摸索寻找新的平衡。由于爸爸常年不在身边，我就成了我们娘儿仨中的核心人物，在过去的一年多里，我经常觉得焦头烂额。现实远比预期的还要艰难：即便时间可以均分给两个人，有限的体力和精力也注定了我的陪伴质量是大幅下降的。对于敏感的姐姐而言，失落在所难免。即便是简单的穿衣出门、刷

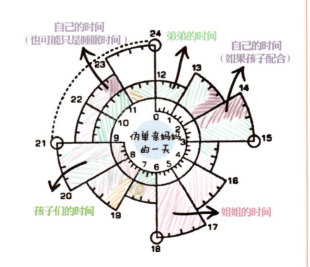

牙洗脸都会提升难度，工作量绝对是 1+1>2，甚至随时可能发酵成 3、4、5。自我

意识开始萌芽的姐姐需要各种用心的陪伴引导，而睡眠不佳却精力充沛的弟弟则时刻考验着我的体力和耐力。可是，有什么办法呢，我只能自己扛啊！就算觉得扛不过去了，睡一觉，醒过来，还是该干嘛干嘛啊！

好在，最艰难的第一年已经过去。尽管专职捣蛋的弟弟还是经常被姐姐嫌弃，尽管下手没轻重的姐姐还是经常弄哭弟弟，但毕竟属于他俩的温情正在慢慢累积。能一起长大已是幸福，对此，我很羡慕。

伪单亲妈妈的一天

06:00 ~ 07:20	弟弟醒了，可我夜里没睡好，睁不开眼睛，尽力拖延，再睡一会儿
07:20 ~ 08:00	姐姐在"累啊累啊"的叫唤中被拉起来，洗漱、换衣，送上饭桌，在饭桌旁，我一边给依旧处于慢速运行状态的姐姐梳头，一边喂几口早饭
08:00 ~ 09:00	姐姐还在"笃悠悠"地换鞋，弟弟已经准备冲出门去。把弟弟挡回去交给外婆，送姐姐去幼儿园
09:00 ~ 12:00	送完姐姐回到家，外公外婆去上班，我带弟弟出门去散步、买菜
12:00 ~ 13:00	回到家，给弟弟准备午餐，自己随便吃两口
13:00 ~ 15:30	下午是相对松散的时间，可惜弟弟实在不爱睡觉，1小时已是上限，他需要更多的活动来"耗电"，他想：外面的世界多么精彩，就算腿短，我也要奔跑
15:30	去幼儿园接姐姐放学
16:30 ~ 18:00	陪姐姐去画画，或上钢琴课，或陪玩 我的生活的幸福在于能请阿姨来做晚饭，要不然这段时间只能贡献给锅碗瓢盆
18:30	晚饭时间
19:30 ~ 20:30	阅读时间，其中有姐姐的15分钟特别时间，其实很难做到单独陪她，弟弟总是要挤进来打岔，往往在姐姐弟弟的大呼小叫中，一小时就过去了
20:30 ~ 22:30	开始帮他们挨个洗漱，将他们送上床，姐姐会大叫"我不累啊，不想睡啊，再读本书吧"，弟弟会偷偷溜下床，挨个将房间巡视一番，这场睡觉游戏总会持续到九点半，至于哄睡着，肯定是10点以后了
22:30 ~	终于可以停下来，想看书，想聊天，想看剧，但想想还是睡觉吧，夜里弟弟还会醒呢

当我请朋友们写下她们的时间表时，我惊讶地发现无论哪种状态下的妈妈几乎都是忙到没有自己的时间的，却都笑着、坚持、努力、高质量地陪伴孩子成长，真是为母则强。从这些妈妈的时间表里，我想我们很容易就能看到我们自己，无论是曾经的自己还是当下的自己。时间真的太宝贵！对我们每一个妈妈而言，如何安排好时间真的好像是永恒的难题与挑战。

如果时间可以不再是紧缺资源，如果孩子可以不再挤占过多的时间，如果可以做些什么，让时间的难题慢慢不再是难题，你，会不会愿意放手一试？

单元 2　　　　**写给你，你是谁?**

当我刚刚开始为这本书写出几篇样稿时，我的"最早期读者"中就有人迅速提出"质疑"：这难道是一本只写给妈妈们看的书?

于是，我想我们有必要在切入"儿童时间管理"这个正题前，先对谁需要来看这本书，做一些讨论。

→ 写给妈妈

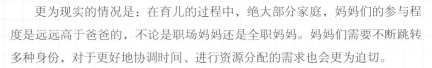

孩子在幼龄阶段，对母亲会有很大的依恋、依赖，所以妈妈对孩子的陪伴会更多。而妈妈因为和孩子接触得更多、更深入，自然接受到的挑战也会更多，因此妈妈们对育儿的方法、理念、效果的关注程度和学习热情也会更高。

更为现实的情况是：在育儿的过程中，绝大部分家庭，妈妈们的参与程度是远远高于爸爸的，不论是职场妈妈还是全职妈妈。妈妈们需要不断跳转多种身份，对于更好地协调时间、进行资源分配的需求也会更为迫切。

所以，从帮助妈妈们更从容地应对自己与孩子的时间管理难题的角度而言，这的确是一本写给妈妈们的书。

→ 不只写给妈妈，还有爸爸

但妈妈们仍然会问："难道爸爸不需要做什么吗?"

爸爸当然需要做些什么，而且能做得越多就越好！从孩子的角度而言，孩子的成长离不开爸爸，区别于女性的视角和处事方式，爸爸的参与可能会让孩子的学习活动有截然不同的体验，对孩子而言是绝对有益的。从妈妈的角度来看，妈妈不是千手观音，不是所有的事情发生时都可以从容应对的，即便真那么厉害，可以做到分身有术，也会有心累倦怠的时候。爸爸多分担一点，妈妈的压力就小一点；爸爸多关心一点，妈妈的情绪就好一点。

没有需要不需要，只有愿意还是不愿意！孩子是父母两个人的结晶，育儿是父母两个人的事情，所以，写给妈妈的书，也是写给爸爸的书。

→ 不只写给妈妈、爸爸，还写给所有孩子的主要照料人

你能想象爷爷、奶奶、外公、外婆，甚至是保姆也可以陪伴孩子执行时间管理训练的任务吗？

其实，没有什么不可能！

帮助孩子学习时间管理的那些活动，对活动的设计、决策、引导的要求会相对更高，需要人们认同活动理念、掌握沟通引导的方法、自律地控制自己的言行，来推动和保证活动的开展。这些工作可能的确更多地需要由妈妈、爸爸来承担。

而在执行过程中，只要愿意依照设计原则准确做出相应的行为，那么不只是父母，家里代为照顾孩子的老人乃至保姆都可以成为儿童时间管理学习的执行协助人或者促进者，这时，书中所有的"妈妈"都可以理解为只是一个代名词。

所以，从协助孩子学习执行时间管理项目的角度来看，这是一本写给孩子所有的主要照料人的书。

→ 为什么不是写给孩子的？

这本书所写的内容都围绕着学龄前儿童的生活场景。从价值观、认知能力、阅读水平、执行能力等方面来说，学龄前儿童不具备通过独立阅读书籍来开展自我训练的可能性。

家庭教育中，成年人的引领作用是不可替代的，父母是孩子习得良好的生存、生活与发展技能的最佳榜样，这本书能帮助父母用最适宜于孩子的方式，在孩子的心里埋下一颗思考与践行时间管理的理念与方法的种子，所以这是一本家长用书。

→ 谁会受益？

当孩子真正学会用时间管理工具来安排管理自己的生活时，孩子不仅可以使自己的生活更加有序、高效，更重要的是掌握了一门与未

孩子
- ☑ 使生活有序、高效
- ☑ 培养自律、负责的品质
- ☑ 习得重要的生活技能

父母
（主要照料人）

- ☑ 时间精力得到释放，获得"自由"
- ☑ 在授人以渔的同时，精进时间管理能力
- ☑ 更好地做自己的时间管理
- ☑ 创造自己的私人时间管理工具

来生活、工作相联系的技能，这将会帮助他们在今后的学习、日常生活以及职业发展过程中，更快地找到适应及发展的方法。所以毫无疑问，孩子会从中受益。

当孩子真正学会用时间管理工具来安排管理自己的生活时，父母以及主要照料人的时间、精力一定会得到释放。这种"自由"是不是会唤醒你们当年单身时的美好记忆？你们可以有更多的时间、精力来做自己喜欢、自己想做的事情！

不论父母本身是否对时间管理有足够清晰的认知，在带领孩子学习时间管理的过程中，父母都会有一个重新学习、整合、重塑知识与经验的过程；而父母在对时间管理的运用上，可能也会从以往的一个实践者转身成为一个授人以渔者。这将能帮助父母进一步加深对时间管理的理解或者从新的角度认识时间管理，不仅有助于父母更好地训练孩子掌握技能，更会为父母做好自己的时间管理带来直接的影响，让父母从中受益。

此外，从成人管理、培训"游戏化"的趋势看，其实所有这些有趣味的儿童时间管理工具，本身也都可以反过来运用于成人的时间管理中，甚至于，因为有带领孩子进行私人工具 DIY 的经历，你是不是会对进行属于你自己的私人时间管理工具的 DIY 更有心得？

所以，看完这本书并带领孩子践行时间管理的你，一定会是这本书非常非常重要的受益者！

正在读着这些文字的你，到底是谁呢？

一位家长？

一位老师？

一位亲子教育工作者？

或者是一个对时间管理感兴趣的人？

不论你是谁，很高兴有机会可以和你一起进行这一趟儿童时间管理的共学之旅，现在，就让我们正式出发吧！

单元 3 　　　给我启发的理论

　　进入职场伊始就接触到了时间管理，经过几年的学习和运用，受益颇丰。十多年前，我就已经是一个坚定的时间管理传播者：为公司员工进行时间管理的培训，以及个人训练与辅导。

　　系统地了解时间管理背后的理论、理念以及重要工具，会让人对实践有更为深刻的理解并且提高执行的准确性。所以，我从成人时间管理理论中选择了我认为对实践儿童时间管理而言最有指导性、最需要了解的部分作为设计以及参考的依据，并且选择了成熟的育儿模型作为训练过程中父母决策以及亲子互动的实施依据，让两者结合，形成更适合于孩子的训练及运用方式。

→ 时间管理的相关理论

1. 时间管理要做些什么？——五代时间管理理论

- 上班第一件事，打开小红本，"笃悠悠"地查看今天要做些什么。
- 中午，将完成情况整理在小红本中，调整未做以及待做事宜。
- 临近傍晚，查看完成情况。想着那些还没做完的事，竭尽全力地思考怎么做才能"今日事今日毕"。
- 下班前，调整确实无法当日完成的工作，再将第二天的日程安排写入小红本。

　　这就是我当年第一次用日程本来管理工作时的情形。小红本是我用的第一本正式的工作日程本，我每天计划、调整、总结，仿佛有一只无形的手每天都在背后推着我。我总有一种自己在和自己较劲的紧张感，也会获得完成所有计划后的满足与成就感。

　　以上基本就是时间管理最简单的一种呈现：通过事前的规划，运用技巧、方法和工具来达成既定目标。

　　时间管理从诞生至今，经历了五代发展历程（这是得到共识的）：备忘录——日程表——优先顺序——个人管理——平衡。

五代时间管理理论

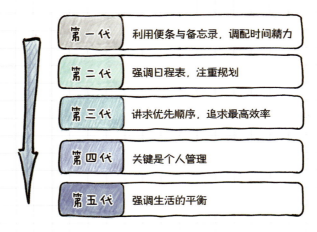

第一代	利用便条与备忘录，调配时间精力
第二代	强调日程表，注重规划
第三代	讲求优先顺序，追求最高效率
第四代	关键是个人管理
第五代	强调生活的平衡

我会怎么用?

孩子就是一张时间管理的白纸：年龄小、能力弱、没有成熟的价值观、没有太多成败的经验、没有既定的行为模式。就孩子的时间管理而言，首先我不认为要优先考虑时间管理理论的发展更迭——哪一代比哪一代更为先进，对他们没有任何意义；先进的理论，也未必就是最适合孩子们的理论。

相反，让孩子逐渐适应时间管理的由简到繁、体验时间管理对他的好处，可能更有可操作性。所以，整体上我依照一定的儿童发展顺序，规划了整个儿童时间管理的体系。这个体系跨越孩子的启蒙期、学龄前和学龄期，有助手让孩子在成年前，掌握时间管理的各项主要技能，以适应未来的社会生活。

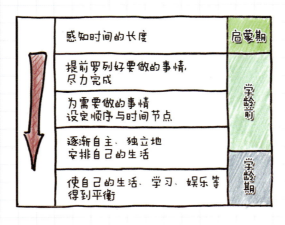

感知时间的长度	启蒙期
提前罗列好要做的事情，尽力完成	学龄前
为需要做的事情设定顺序与时间节点	学龄前
逐渐自主，独立地安排自己的生活	学龄期
使自己的生活、学习、娱乐等得到平衡	学龄期

2. 时间管理如何让生活井井有条？——四象限法则的启发

结束一天忙碌的工作，回到家，看到想念了你一天的娃，巴巴地等着你多陪陪他。你吃着饭，他站在你身边看着；你洗着澡，他搬把椅子坐在淋浴房外等着……

给他讲了故事，陪他做了游戏，让他洗漱停当，送他上床。好不容易孩子睡着了，你想看一部心仪已久的电影放松一下，却突然想起还没去设定自动煲粥的时间、洗衣机里还有一堆湿漉漉的衣服没有晾出来……然后，打开电脑却发现桌面上还有个明天上午要用的 PPT 没有完成……

有效的时间管理不只是平行地罗列出需要完成的事项，也不只是设定简单的顺序，尤其是当事情多元、杂乱、繁复的时候，这种做法尤其不奏效。如果不想一直只做救火队员，那么就必须学习对事情做分类，并且有计划地控制"火灾"的发生，而这些正是四象限法则所倡导的。

四象限法则最早由史蒂芬·柯维 (Stephen R. Covey) 在《要事第一》这本书中提出，可以按照重要和紧急两个维度，将所有事件划分为四个"象限"：重要且紧急、重要非紧急、紧急非重要、非紧急非重要。

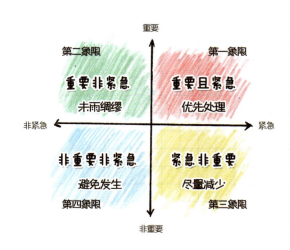

"火灾"就是那些紧急而非重要的事情（第三象限）。一定要尽可能地让它少发生，这样你才可以不用为"灭火"疲于奔命，而多做重要非紧急的事情（第二象限），这就是控制"火灾"发生数量与频率的秘诀。我们一定要多多"投资"第二象限，这样才能真正减少做"救火队员"的机会。

我会怎么用？

在对学龄前孩子做时间管理训练时，没有必要向孩子强调时间四象限，更不必让孩子根据四象限法则去对他要做的事情分类，适当地启发孩子如何分辨或者决定什么事是重要的或者需要优先做的，就已经足够了。

在这个阶段，孩子认为什么是重要的？是学习吗？

NO！绝不可能！这个阶段，孩子的选择恐怕很难和家长保持一致！

什么事情重要，这是由价值观决定的。而我们的孩子，有成熟的价值观吗？肯定是没有的！即使有，每个成年人认为最重要的事情就是一样的吗？答案当然也是否定的。

学龄前的孩子认为最重要的事情基本上都是和玩有关的事情，孩子认为紧急的事情大约不是与生理需求有关就是和娱乐需求有关的，这是天性。即便是已经上学的孩子，恐怕离真心认为"读书是为自己"，都还需要些时日。所以，在孩子还小的时候，不必和孩子详谈究竟什么事情对他们是重要的，也不应该把成年人的观点强加给孩子。请父母记得：孩子毕竟还只是孩子！

四象限法则最主要的应用者是家长：你到底会选择什么项目让孩子去实践时间管理？相信你所选择的一定不会是你认为对于孩子不重要也不紧急的事情。比如：

● 让孩子学习时间管理

学习时间管理、培养出自律的品质，绝不是一天两天的事情，但长远来看这件事又是极有价值的，所以，这就是一件典型的第二象限事件——重要非紧急事件。要让孩子慢慢来、坚持做，静等花开！

● 让孩子不沉迷于玩 iPad

如果看到孩子玩 iPad，你就眼冒金星、怒火冲天，那么对你来说它就是一件重要而紧急的事件，你要尽快地找到合适的工具来解决它。

● 解决孩子总是难以准时上床睡觉的问题

如果你认为这是一项困扰你已久的挑战，解决的时间没有那么迫切，但解决的必要性很高，那么它就是重要非紧急的事件。不断尝试选择出最合适有效的工具解决它，就好了！但如果你觉得这已经让你忍无可忍了，那么它就是重要而紧急的事件，越快找到解决办法越好。

所以，象限归类并不是那么死板的，毕竟事无绝对。

3. 拖延症的克星——来自"番茄工作法"的启发

当我们邀请孩子做一件他不是很有兴趣的事情时，以下这些话是不是听着很熟悉？

"我要上厕所了，急死了。"

"我嘴巴干，要喝水。"

"我肚子饿，想吃点东西！"

"我找不到笔了，我要红色的。"

"妈妈，你知道吗，今天在幼儿园里我跳绳跳了 5 下……"

孩子会试着找出各种话题和你聊天，似乎只要可以打断现在正在做的事情，做什么都是他们可以考虑的。

拖过一时是一时，这是我们孩子的"策略"（好像也是我们自己还是孩子时的选择）。

番茄工作法（The Pomodoro Technique）被称为"拖延症克星"，是由弗朗西斯科·西里洛（Francesco Cirillo）在 1992 年创立的，它最为核心的内容就是专注——首先选择一个待完成的任务，将番茄计时器的时间设为 25 分钟，专注于执行任务，中途不做任何与该任务无关的事；时间到，休息 5 分钟，每 4 个番茄时段休息 15 分钟。

我会怎么用？

● 计时器的运用

番茄工作法是我看到的将计时器与时间管理联系得最为密切的一种时间管理方法。一个好的工具无论对于成年人还是孩子都是一把利器，是绝对有益的。

在做儿童时间管理训练时，在不同的阶段、为了不同的目的，我会选择不一样的计时器来帮助我们和孩子了解钟点、知道时长、甚至获得提醒，在后文中，我们也会就此作更详细的介绍。

● 执行时间的设定

我认为番茄工作法受到追捧的一个重要原因是它关注到集中注意力对时间管理的重要性，并且为之提供了极为具体的解决办法。

如何集中注意力对成年人来说都是一个挑战，更何况是对孩子？多数孩子的有效注意时间是极其短暂的：3 分钟、5 分钟或 10 分钟。如何在有效注意时间内为孩子创造一个尽可能没有干扰的环境，让孩子很纯粹地去做一件事，也是我们在儿童时间管理的活动中（尤其是学习活动）设定时长的一个重要考量。要为不同年龄段的孩子设定最适宜的训练时长，而不是片面地追求成年人认为的高效率、高质量。

35

4. 让孩子做他可以做的——向"猴子"学习管理

你正在厨房烧饭，孩子在客厅大喊："妈妈，我要大便了！"

你正在切着洋葱、直流眼泪，于是也喊回去："自己去厕所，你会的！"

过了一会儿，孩子的声音从更远处的洗手间传来："妈妈，我拉好了！"

"擦完屁股要洗手！"

"我不会，你来帮我！"

这时油锅已经旺了，你没好气地大声喊："明明已经教过你了，你会的，自己擦！"

过了一会儿，孩子哭丧着脸站到你身边："妈妈，好像没擦干净，裤子上有大便了！帮我换掉！！"

你瞬间抓狂，无奈只能放下厨房里的事……

我们常常会安慰自己：孩子大了，就好了。其实，孩子可以自己负责自己的事情、承担自己的责任，这个属于孩子自己的事情和责任就是"猴子"。这一说法来源于 1974 年小威廉·安肯（Willam Oncken Jr.）发表于《哈佛商业评论》的经典文章《管理时间：谁背着猴子》（Management Time：Who's Got the Monkey？），文章利用"背上的猴子"(monkey-on-the-back) 这个比喻来分析受下属支配的时间（解决下属的问题，承担下属的责任）是如何产生的。上级要学习如何摆脱背上的猴子，把主动性还给下属，来增加自己的自由支配时间。

我会怎么用？

我一直相信对孩子、对下属、对任何人都不可以"不教而诛"！要想让孩子学会"自己背自己的猴子"，首先要教会他正确的方法。

时间管理就是有助于让孩子"背起自己猴子"的一种方法。训练孩子进行时间管理的过程就是在教孩子学习自我管理，利用工具有计划、高效率地做事情的过程。在这一过程中，孩子还可以学到：

- 看到一项新的任务时，如何理解任务的目标、内容、要求？
- 执行一项任务时，每一个步骤都应该怎么做？做到什么程度？
- 完成一项任务后，如何判别自己是否已经达成既定目标，是否还需要弥补或调整？

当孩子确实已经具备足够的技能、方法来做好事情，家长一定要尝试逐步放手、逐步授权，

上篇·写给父母们

不应该再把所有的责任都扛在自己身上。要把"属于孩子的猴子"放回孩子背上，让孩子体会并学习承担他自己的责任。

5. 对时间管理发生作用的发动机——来自 7 Habits 的启发

《高效能人士的七个习惯》是对我职业生涯影响最为深刻的一本书，让我更有意识地关注自己的目标、行为以及心态，不断提醒自己要慎重地做出决定。我知道，在未来的某一刻，我要为自己当下的选择而负责。

图片来源：《快乐儿童的七个习惯》

如果要亲子共读，可以选择由肖恩·柯维（Sean Covey）撰写的儿童版"七个习惯"——《快乐儿童的七个习惯》。七个习惯 (7 Habits) 并不是一个纯粹关于时间管理的知识概念，但却对时间管理有非常重要的指引作用。

7 Habits 是由史蒂芬·柯维在 1989 年首次提出的，七种习惯分别指的是：积极主动、以终为始、要事第一、双赢思维、知彼解己、统合综效、不断更新，这七种习惯之间，存在着密不可分的关系，彼此不断促进。而时间管理四象限的出处《要事第一》的这一书名也是七个习惯之一。

我会怎么用？

如果说时间管理会帮助我们建立相对显性的习惯，那么 7 Habits 会帮助我们建立隐性的习惯——思维习惯、心态管理习惯。显性的习惯就像是人的身体，是那些看得到的行为、动作，而隐性的习惯更像人的大脑，会指导身体的各个部分准确地做出各种动作，看不见，但很重要。

7 Habits 就是那部对时间管理发生积极作用的发动机，在思维、心态层面对做好时间管理起着非常重要的作用。结合做时间管理的需要，我从七个习惯中选择了关联度最高、最密切的前三个习惯——积极主动、以终为始、要事第一，作为重要理念贯穿我对孩子进行时间管理训练的始终。

● 积极主动

要为自己过去、现在和未来的行为负责，并依据原则和价值观做出决定。

每个人每时每刻都在做出选择和决定，然后通过一系列的行为把自己带到某个结果面前。要学习接纳当前的结果，它是由过去的选择与决定所带来的。要学习重视当下如何做出选择与决定，它会指向未来的结果。

家长如何做	孩子如何做
①做出选择：是否选择与孩子共同学习时间管理，是否选择用平等尊重的方式与孩子共处。 ②为选择负责：面对共学、共处的选择带来的挑战时，有勇气去接纳、有毅力去坚持、有决心去改变。	①学习如何做选择与决定：让孩子参与时间管理的项目的选择与决定过程——做什么事情？何时做？做多久？用怎样的方式做？ ②为选择负责： ● 安排承诺仪式，让孩子感受到为自己的选择负责是正式的、庄重的。 ● 回顾总结：让孩子体验并看到不同选择带来的结果。

● 以终为始

做任何计划时，都应先拟出目标，并据此塑造未来。

失去了目标的行为，是杂乱无序并且没有效能的。要让明确的目标成为行为的指南针，知道了为了达成目标，在不同的时间点都需要做出合适的行为。

家长如何做	孩子如何做
家长设计时间管理训练项目时，必须首先明确训练的目标是什么，在多个目标可选的情况下，确定一个最主要的目标，并且为此来展开各项配套的活动。	在带领孩子实施项目时，要让孩子清晰地了解他在这个项目中的目标是什么，他可以采取什么行动来达成目标。

● **要事第一**

无论如何，都要把要事放在第一顺位。

6. 其他值得借鉴并了解的理论

● **80/20 法则**

80/20 法则 (The 80/20 Rule)，也称帕累托定律 (Pareto principle)，是由意大利经济学者帕累托（V.Pareto）在 1897 年提出的——每个人的时间精力都是有限的资源，所有的事情都要做、都要做好，几乎没有可能，应将最多的时间、精力、资源投入到最有价值、最有效能或最有长远发展的 20% 的事情中，并期待从中获得 80% 的收益。

80/20 法则给我们的启发是什么？当我们在选择训练项目时，是否考虑过哪些 20% 的事件可能会给我们带来 80% 的收益？什么事情是真正的"不输在起跑线上"的事情？比如学习知识和培养学习习惯，谁是 80，谁是 20 ？

● **GTD**

GTD(Getting Things Done)，是由戴维·艾伦（David Allen）在 2002 年提出的，GTD 的核心理念可概括为：清空大脑、记录下要做的事，然后一步步按照设定的路线去努力执行。GTD 的五个核心原则是：收集、整理、组织、执行、回顾。

GTD 是一种非常具有实践性的工具，也是目前应用非常广泛的一项时间管理工具。当我在设想孩子的时间管理训练时，我希望 GTD 能让具备一定的能力的孩子发挥主观能动性的作用，所以我希望家长们在学龄期（6 岁以后）和青春期孩子的时间管理中将 GTD 运用得更多一些，让孩子更自主有序地安排他生活、学习中的各项事件。

→ 育儿理念——孩子的正向养育

虽然我们都认可时间管理是一个不只适用于成年人、也完全适用于孩子的工具，但显然，你不能用对待成年人的方式来让孩子接触并学习时间管理——"宝贝，这是个对你非常有用的工具，我希望你学一学！"更不能用家长的权威来命令孩子必须接受时间管理的方法与工具——"来，平时那么拖沓，我给你个好方法、给你指条明路，你去用，肯定有用！"

- 你给孩子的是你觉得好的，但孩子会不会也一样觉得好？
- 你觉得自己已经放下身段，但你的孩子或许看到的正是你的居高临下。
- 你以为你自己说出的是建议，但孩子听到的只是命令。
- 你认为你是在帮助孩子学习自我管理，而孩子可能感受到的却是你的控制。

当我尝试着把我这些年对孩子的时间管理训练内容归纳成一个儿童时间管理的体系时，我一直觉得少了些什么，直到我意识到——我需要一个可以支撑起这项训练，让学习可以不断有效进行的亲子共处模式。在此我选择了时下国内流行度较高的"正面管教"，希望使家长在帮孩子做时间管理训练的时候，可以不断建立、完善或提升与孩子的亲密关系、互动方式以及使用工具的心态与方法。

做亦师亦友的父母——来自"正面管教"的启发

正面管教（Positive Discipline），是由简·尼尔森（Jane Nelsen）和琳·洛特（Lynn Lott）基于阿德勒心理学以及德雷克斯儿童心理学在 80 年代创建的一个儿童发展模型。

正面管教强调用既不骄纵又不惩罚的方式来养育孩子，主张用温柔而坚定的态度培养自律、

有责任感、善于解决问题及懂得合作的孩子。

管教并非是负面的，更没有惩罚之意，而是一种有意识的培养，能使孩子形成一种明确的行为习惯。家长应在一种互相尊重、亲子之间彼此连接紧密的氛围下，关注长期效果，培养和发展孩子的生活技能。

美国儿童行为发展专家、《你的 N 岁孩子》的作者路易丝·埃姆斯（Luise Bates Ames）认为管教就是以合理的期望和合理的方式，安排孩子的生活，帮助他们自如而自在地表现出我们认为良好的行为。合理的期望就是指符合孩子成熟程度和具体个性的期望，而就合理的方法而言，可以参考《正面管教》一书。

我会怎么用？

在时间管理训练的亲子互动模式中，我使用正面管教中的核心理念来支持包括训练项目选择、目标设定、传授方式、角色定位，以及沟通互动、反思态度等各个环节的父母的思考及言行。

● 长期有效

带领孩子做时间管理时，孩子越小就越难看到立竿见影的效果，所以这的的确确就是一个追求长期效果的尝试。孩子可以从中锻炼并发展他未来生存与成长所必要的技能，并且培养出自律的品质。

● 连接

在训练的过程中，我们要时刻注意保持与孩子在情感上的连接，不断与孩子换位，理解并接纳孩子。当孩子有畏难、懈怠情绪的时候，要理解他的感受、接纳他的情绪而不是说教、指责、逼迫。我们要做的是不断拉近孩子而不是将他们推开，要让他们相信爸爸妈妈、家人永远都是最可信赖的，引导和鼓励孩子不断尝试，帮助孩子在保持独立性的同时，相信自己是有能力、有价值的。

● 互相尊重，和善与坚定并行

在做训练时，选择做什么项目、什么时间做、如何做，虽然主要是由我们来发起的，但这绝不意味着它就是个自上而下的、权威式的决定。无论孩子的年龄大小、能力强弱，都需要给予孩子足够的尊重——请孩子参与决策的过程，给孩子合适的自主权来安排自己的训练内容（生活）。这种尊重是父母与孩子彼此之间的尊重，父母既要尊重孩子的需求，也要尊重自己的需求。父母在与孩子达成共识时，态度可以是和善友爱的，但帮助孩子执行时要坚定而坚决，提醒孩子"我们的约定是什么"，帮助孩子做到有效地执行。

● 关注解决方案

遇到问题时，我们可以悲伤、愤怒、后悔，但是情绪发泄完后，更重要的是找到解决问题的方法。所有时间管理项目的发起都是为了解决问题、满足需求，总之问题不是那么容易可以应对的，所以要帮助孩子理解：找到合适的、行之有效的解决方法对解决问题才是最重要的。

● 错误是学习的好机会

人非圣贤，岂能无过，世上本无完美之人，我们却常常都会用完美的标准要求自己与他人。父母和孩子都会犯错误，作为父母，我们不必要求自己是完美的，对于孩子，我们更要传导给他一个信念：犯错误是一个令人兴奋的学习机会！只有这样，孩子才敢于不断尝试、才会更坦然地接受自己可能做得不那么好，并且有勇气继续尝试，不断让自己做得更好！

这里，我用一张图来说明解决问题时，尊重或不尊重孩子的差异。

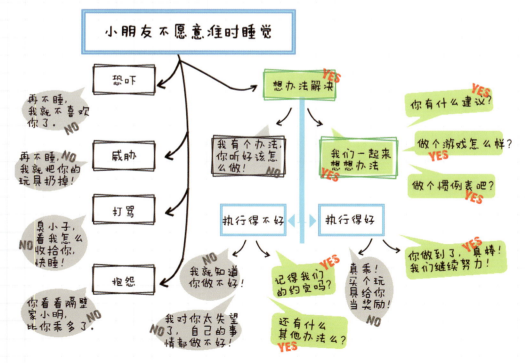

　　当为人父母者可以真正与孩子互相尊重、不断连接，真正赋予孩子应有的权力，真正让孩子承担他可以承担的责任时，孩子才真的有机会在这个训练项目中学习到自我管理的能力，培养自律的品质。

　　育儿理念常常容易让人觉得听之有理，但实操不易，一些人尝试后受挫就怀疑理念都是骗人的、没有用的。没有哪种理念是完美的，时髦的理念不代表它就是完美无缺的，理念带来正面价值的时候，也可能会带来负面影响。每个家庭都需要为人父母者根据自己与自家孩子的状态不断调整、尝试亲子互动的方式。

单元 4 儿童时间管理密码

针对儿童的时间管理和成年人时间管理到底有何不同？究竟可以怎样将时间管理的方法运用到孩子身上？现在，我们就来逐一破解那些儿童时间管理的密码。

→ 儿童时间管理的"4W1H"——Why, What, Who, When & How

1. Why——孩子为什么要学习时间管理？

● 为什么要在孩子身上使用成年人的职场工具？

当我第一次尝试将职场工具转换使用到育儿实践上时，第一感觉就是——工具太好用了！

工具就像是一座桥，一端连接着理念理论，另一端连接着我们和孩子的行为模式。当我们将工具越用越娴熟时，我们的行为模式自然会随之改变，在形成习惯的同时，自然也就发展了各项技能。

● 为什么选择时间管理？

成年人的职场工具中，可以转换用于儿童能力训练的当然不只时间管理这一种，那为什么会选择让孩子优先学习时间管理呢？

首先，时间、精力有限对于父母和孩子而言都是很现实的大挑战，父母们有去解决它的意愿，所以时间管理是最有现实意义的一个选择，它不仅可以在未来产生长期作用，更能帮助我们解决眼前的困难。

其次，时间管理是一个基础工具，能串联起很多行为模式、习惯、技能的改变与发展。纵向来看，学习时间管理可以帮助我们由浅至深地掌握一系列的对事件管理的方法与技巧——从做基础的逐条事件备忘，到做短中长期计划，直到做项目流程；横向来看，一个时间管理的过程，是一个高度自我管理的过程，可以让我们充分锻炼和发展各种综合能力——在决策过程中让我们准确地确定目标并且做出拆分与组合，思考、沟通并做出取舍选择。在执行过程中让我们高度自律地控制自己的行为，对自己每一次的选择负责，不断反思、调整，让自己更有效地达成目标。

这些就是选择时间管理的原因。

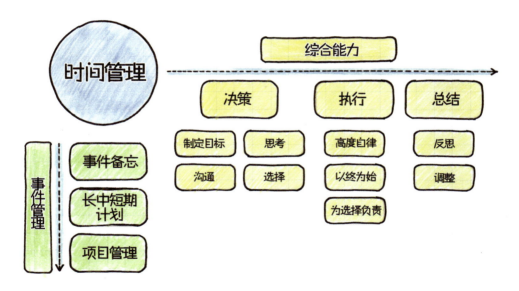

● 让孩子学习时间管理的目的

在孩子的成长过程中，我们只能陪他们走一段，我们为他们所做的以及教他们去做的，都是为了使他们将来独立面对人生路时，可以自如应对。吃喝拉撒睡是必备的生活自理能力，自信、乐观、自律、正直等是宝贵的品质，倾听、表达、沟通、协作等是重要的能力技巧，良好的行为、学习、思维习惯则会让他们受益终身，而这些若在家庭教育中能早一些让他们看到、听到、体会到，那么他们练习的机会就更多一些，将其内化的可能性也更大一些。这是我认为的父母有意识地让孩子做这些能力训练的价值。

让孩子学习时间管理的真目的	让孩子学习时间管理的伪目的
✔ 让孩子学习自律	✘ 让家长更"科学"地控制孩子
✔ 帮助孩子养成习惯	✘ 满足家长贪图省力的愿望
✔ 培养孩子的生活技能	✘ 实现超越年龄的功利目标

　　让孩子学习时间管理，为的是培养他们自我管理的能力，并发展他们自律的品质。时间管理绝不是控制工具。直接指挥孩子做东做西是家长管理孩子的生活最直接的方式，而在孩子学习时间管理技巧的过程中，家长付出的时间、精力远比直接指挥孩子做事要多得多。但是，当孩子真正具有时间管理能力的时候，家长才有机会适当地往后退一退（家长不要妄想完全退出，这是不现实的），让孩子更自主、自由地决定和安排自己的生活，使生活有趣且更有效能。

2. What——时间管理对孩子而言是什么？

● 时间管理，是一种技能

　　所有的技能都可以习得的，可以通过持续运用来熟练掌握的，所以对孩子而言，时间管理的技能是可以通过学习、训练来掌握并且不断发展的。

　　我坚信，一个受过长期、完整的时间管理训练的孩子，一定会比一个不知道时间管理为何物的成人，更善于高效地运营自己的时间、管理自己的生活。

- 时间管理，是对时间、事件以及两者之间关系的管理
- 时间：几点钟、几分钟、到几点前一共有几分钟……
- 事件：必须做的事情、喜欢做的事情、重要的事情、由多个步骤组成的事情……
- 关系：什么时间做什么事情、做什么事情用多长时间……

　　很多时候我们会从字面上直接把时间管理理解为对时间的管理，事实上，脱离了事件与

时间的结合，光会认识钟面、会看日历，这和时间管理大概也就只有"半毛钱关系"。高效利用时间与有序执行事件从来都是密不可分的，对时间的利用越充分有效，对事件的执行自然就越井井有条。

● **时间管理，就其本质而言是自我管理**

时间管理的本质是一种自我管理：如何根据自己的实际需求制定合理的目标、如何为实现目标设定合适的执行方案、如何控制自己的行为来确保达到目标，这些都会在孩子践行时间管理的过程中得到体现。

一个善于做好自己时间管理的人，一定是一个自律并高效的人，而这是孩子未来进入社会后，我认为应该具备的一项重要能力。

● **儿童时间管理，首先是父母的时间管理**

当我们真正打算尝试带领孩子做时间管理学习时，就会发现，摆在面前的第一项挑战竟然是——如何安排我们自己的时间：

- 如何安排出专用于陪伴孩子做时间管理训练的时间？
- 如何把与孩子确定下来的陪伴时间（学习、训练、阅读、玩耍……）固化到自己的时间表里？

于是，一顺手就可以把自己的整个时间管理也给做了。由工作支配的时间、由家庭生活支配的时间、由孩子支配的时间、由自己支配的时间……有效管理这些时间后，我们的生活是不是也会变得更有序、高效呢？

所以，在我带领孩子尝试时间管理的整个过程中，我非常深刻地感受到这确实是一个授人以渔的过程，但同时更是一个使父母进行自我知识巩固、经验二度提炼的共学过程。

3. Who——学习儿童时间管理，父母与孩子分别扮演怎样的角色？

在孩子学习时间管理的过程中，父母的角色是逐渐往后退的，职责是逐渐做减法的。这与在孩子的成长过程中，父母需要慢慢地、一点一点地放手是一个道理。

在整个儿童时间管理的训练过程中，父母角色的变化大致会经历四个阶段，以孩子的角色变化作为类别划分的主轴，便可以看到父母职责会相应有怎样的变化：

阶段	孩子的角色	父母的职责				
1	知晓执行	启动项目	主导决策	教授＆示范	协助执行	纠正
2	理解执行	启动项目	主导决策	教授＆示范	协助/监督执行	纠正
3	参与决策	启动项目	引导决策	教授＆示范	监督执行	纠正＆协助总结
4	主导决策	（引导）启动项目	参与决策		监督执行	引导总结调整

在孩子不同的年龄段，父母需要承担的职责是不同的。孩子年龄越小，时间管理学习越受限于孩子自身的认知水平和能力，这时孩子在前期决策的过程中能承担的职责会非常有限，父母的可行目标应该定位在孩子的接受并执行上；而伴随年龄和能力的增长，孩子在决策过程中的参与会逐渐增多，对支配自己时间的意愿也会逐渐加强，父母的角色就开始后退，从主导逐渐转为辅助。

但是，有两项职责必须由父母承担：

● 监督执行

孩子毕竟是孩子，能完全自律是不可能的。所以哪怕孩子已经学会了如何正确地使用各种时间管理工具，在执行过程中，仍然需要父母监督，及时提醒他依照自己的计划来执行，以确保执行的效果。

● 项目启动

习惯的养成是一个漫长的过程，放弃一个习惯却可以是朝夕之间的事，因此，在孩子成年之前，恐怕父母都需要对在什么事情上需要做时间管理有必要的、适度的干预，引导孩子习惯于使用时间管理工具。

请记住，儿童时间管理项目中，最大的挑战是面向我们为人父母者！父母不仅要有意识地去做好自己的时间规划，更重要的是，父母确实要身体力行地让孩子看到——我的爸爸、妈妈也是在有效地管理自己的生活。

4. When——孩子从什么时候可以开始学习时间管理？

要在合适的时间做合适的事情，对着一个路都不会走、话都说不出的孩子讲"你应该学习如何做自己时间的主人！"那就是对牛弹琴！

● 启蒙越早越好？

孩子的早期行为模式完全承袭自他所在家庭的生活模式、抚养人的方式，从启蒙角度看，很多事情确实是越早做越好的。对孩子最好的早期时间管理启蒙，就是给孩子（甚至是胎儿）创造一个作息有规律、生活井井有条的家庭环境。

● "潜移默化"的事出生后即可做；不做，也无妨！

我对所有告诉父母"×××事应该从0岁做起"的说辞，都持保留态度。

从某种意义上说，襁褓中的孩子和小动物是一样的，所追求的都是满足最原始本能的生存、生理需求。其他的事情即使有作用，大约也只是在潜移默化中产生一些肉眼所不能见的影响，孩子即使没有做或没做好，也会在稍大些的时候迅速建立起习惯或者得到矫正。

如果家长想在孩子0~2岁阶段做些什么和时间管理有关的事情，我的建议很简单，就是为孩子建立规律的作息习惯（生物钟）。至于其他的时间管理技巧，如果你有时间、精力想让孩子尝试，尽管试，但对于这么大的孩子而言，基本上他能明白的可能性是微乎其微的，如果到孩子3、4岁甚至更大时再让孩子去尝试，或许真的会事半功倍！

● 有意识的训练，3岁后可以适度进行

当孩子过了只要吃饱、睡足就万事太平的阶段，开始对生活有自己的意识时，家长就可以开始为其做一些简单的时间管理训练了。究竟应该是3岁、4岁还是5岁，我觉得并没有统一的标准，这视孩子的具体情况而定：以他的认知水平、能力程度，他是否已经能够理解你的训练指令？他在生活中是否确实已经遇到了一些与时间有关的"挑战"，并且有意愿去解决它？

另外，千万不要让孩子做超越他年龄、能力的事情，比如对着一个3岁的小孩说："嘿，做个学习计划吧！"3岁小朋友，大概连什么是学习、什么是计划都不知道，这时候让他学习这种与他自身情况不相适应的事情，是不切实际的。为孩子选择不恰当的学习项目，不仅是拔苗助长，更可能破坏孩子的学习意愿，孩子可能会从此拒绝做这些事，这是得不偿失的。

别心急，慢慢来，一步一步地往前走，重要的是选择了开始并且坚持！

 我家孩子已经10岁了，这本书对我来说还有用吗？

依照孩子的年龄和成长特点，我们把孩子的时间管理学习过程分为3个阶段——入园前、入学前、学龄期，关于孩子应该学习哪个阶段的内容，有两项重要的说明：

1. 年龄 ≠ 时间管理能力

和中国孩子学习英语一样，孩子的英语能力并不是简单地直接和孩子的年龄联系在一起的，一个长期坚持大量原版书阅读的 5 岁孩子，他的英语能力或许比一个 7、8 岁的大孩子都要强。同样的道理，一个 10 岁的孩子不一定拥有 10 岁的时间管理能力。孩子的年龄并不与时间管理能力划等号，而是与他掌握时间管理的能力、程度息息相关，事实上，我们在书中提供给学龄前孩子的一些工具，不熟悉时间管理的成年人可能都未必能准确运用。

2. 书中案例所提的年龄 = 建议可以开始尝试的最早时间

孩子成长有一个过程，即便孩子经过训练，具备良好的能力基础，也不可让他进行超越他年龄特点的训练。他没有足够认知、没有经历过，还没有足够的知识以及心智成熟度去面对的事情，就没有必要让他硬做。书中所提的年龄，只是根据我的尝试经验给出的建议，是可以开始做尝试的一个比较早的起点时间，至于是否可以再提前，或者是否应该延后，需要父母根据自家孩子的实际情况来做出决定。

5. How——孩子的时间管理训练到底该如何做？

● 厘清概念：时间管理训练 ≠ 时间认知训练

孩子学习时间管理是从学习认识钟面开始的吗？我想这是很多人的疑问，也是很多人的误解。

回顾二三十年以前，当我们这群人都还只是孩子的时候，我们是什么时候开始学习认钟的？我清楚地记得小学数学课时，老师带着个大钟进教室，拨着时针、分针让我们一点一点认识这是几点几分。到如今，哪怕现在的孩子的确开化得比我们早、也许是比我们小时候更聪明，总不至于 3、4 岁就能毫无障碍地认得钟表吧？但 3、4 岁却是已经可以开始做时间管理训练的年龄了。

当然，或许有人会说：可以让孩子认电子钟啊！是啊，我也相信 3、4 岁的孩子应该是能学习清晰地读出电子钟上的数字了，但是，他们真的就能理解 6:15 和 7:30 有什么差别吗？会说不代表知道，知道不代表理解，道理就是这么简单。

让孩子知道时间的存在、长短、流逝并不是只能依靠钟表，还有很多不同的方法；尤其当孩子还小的时候，感知时间比认识钟表更重要！孩子的时间管理训练，绝不是时间认知训练。我对孩子所做的时间管理训练，其实都是从对时间的感知开始的：时间是有长度的；做一件事的时间往往是有限制的；同一件事情可以用不同长短的时间来做，而同样长短的时间也可以做不同数量的事情。在一个循序渐进的训练过程中，孩子可以由浅至深地了解：时间是什么？时间与事件之间到底有什么关系？那么，在此过程中，知道那些约定俗成的时间知识，只是水到渠成的事情罢了。

● **儿童时间管理训练的实施过程**

在带领孩子做时间管理训练的时候，整个实施步骤其实只有两步——父母策划与亲子实施。这其中通常最先入眼的是直接带领孩子实施的过程，而容易被忽视的则是第一步——父母的策划流程。

（1）父母策划

这是一个孩子看不见的步骤，甚至也是新手父母容易忽略的步骤。当我们看到孩子在使用工具管理自己的生活时，那其实已经是"父母策划"的一个结果了。

在"父母策划"中，高度体现的是父母本身的价值观取向：我究竟需要通过这次的训练，实现一个怎样的目的？我需要如何帮助孩子来达成目标？这些都是父母的想法，只存在于父母的思维层面，但却是整个训练过程的源头与核心所在。

"父母策划"大体包括这样五个步骤：

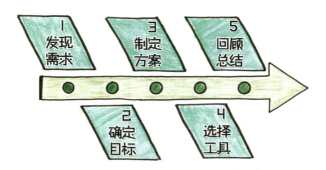

① 发现需求

需求是什么？可能是一个父母迫切想要解决的问题，比如：如何让孩子准时入睡？如何让孩子做事不磨磨蹭蹭？也可能是孩子发展阶段的矛盾，比如：孩子觉得他可以玩 iPad，但大人却觉得不可以。当然，也有可能是一件你和孩子都感兴趣的事情：比如你希望孩子可以阅读更多的书，孩子也希望你能多陪着他读更多的书。需求会最真实地触动父母带领孩子去做时间管理的训练的意愿，因为，训练后的结果可能是：那些需求真的会得到满足。

虽然我相信父母绝不会做只对自己有利、而对孩子有害的选择，但我还是要强调：切不能草率地以"让我自己更便利"来选定项目。动机不纯、缺乏对孩子的尊重，孩子是会很容易感受到的——这是你要我这样做的！我们要做双赢的选择，尊重我们自己与我们的孩子，让孩子可以获得成长，而我们也自然能从孩子的成长中获益。

需求是多种多样的，每个人能感知、观察到的也都不相同，每个家庭、每个孩子的需求也千差万别。如何能发现需求？这就有赖于父母自己了。没有任何专家可以完全帮助到每一个孩子个体，只有父母自己有意识地去观察孩子的生活、行为以及与成年人之间的互动方式，用心去发现，才能挖掘到当下真正最需要解决、最适宜尝试的你和你孩子的需求。

② 确定目标

众所周知，目标是行为的方向、指路明灯，有目标，可以让我们更有效地去选择自己要做什么，并且不断为了实现它而调整、而努力。但这里，我想说的是设定目标会带来的另一个意想不到的价值。

让我们来设想这样两个情境：一个是你与孩子没有做过任何目标的约定，而另一个是你与孩子做过清晰的目标约定：

● 我们和孩子之间没有任何约定，当看到孩子在玩玩具或者自己"瞎玩"时，哪怕孩子已经"学习"过、"锻炼"过，我们会想：

　　——这孩子，怎么又在那里傻玩（或发呆）……

　　——唉……尽浪费时间，就不能多看看书、多练练琴嘛。

　　我们很容易以为自己和孩子已经达成一种默契，孩子早就知道什么是不浪费时间，但是我们却忘记了在孩子这个年龄，爱玩才是他的天性，而这种天性在我们眼里就成了彻头彻尾的浪费时间！

● 如果我们和孩子之间有过目标约定呢？孩子从幼儿园回家，完成约定的几件事情后，他就可以自己安排自己的生活（约定不可以做的事情除外）。当孩子做完了约定的事情后，我们同样可能看到他在玩玩具或者自己"瞎玩"，我们会不会至少能对自己说一句："嗯，今天要他做的事情，完成得都不错，劳逸结合，是该玩玩了！"如果你觉得游戏无聊，还很可能会跑去孩子身边问一句："宝贝儿，要不要我陪你下盘棋？"

这就是设置清晰的目标会带来的一个额外价值——让我们拥有不一样的视角与心态，去看待孩子合理的行为。

目标与需求有什么区别？

简单来讲：需求是模糊的，目标是清晰的。我们以限制孩子玩iPad为例：

我希望孩子少玩iPad——这是需求。

我希望孩子从下周开始，每周只玩3次iPad，每次不超过20分钟——这就是目标。

这里，我们又要再次套用管理学的理论了，从理论层面来讲，所有的目标设定都应该符合SMART原则：

S（Specific）——具体的

M（Measurable）——可衡量的

A（Attainable）——可以达到的

R（Relevant）——相关的

T（Time-based）——有时间限制的

对照来看，我们所说的需求是不符合SMART原则的，而目标是必须要满足该原则的，因为我们要以明确的目标来确定接下来要做怎样的训练项目。

仍然以孩子玩iPad为例，以下两种情形都是因为不能满足"A——可以达到的"，因此不能称之为是一个合适的目标。

第一种，对一个2岁的小朋友说："你只能玩10分钟iPad。"基本上这和自言自语差不多。对于一个2岁孩子，不让iPad出现在他可以看见、可以拿到的地方，或许才更直接、有效！当然，你也可以对他说这样的话，但是他不会理解，当你10分钟后拿走iPad，可能会换来一顿他的嚎啕大哭。但如果花点心思，用转移注意力的方式拿走，也许他会很配合，但他对只能玩10分钟iPad还是没有任何概念，这么做唯一的好处就是，如果你能持续这样做，孩子可能会对你的这种原则更适应。

第二种，对一个4岁的孩子说："你每周只能玩3次iPad，每次不超过20分钟。"你只是对他说出了这个目标，却没有给他任何工具协助，孩子真的可以凭借一个"口谕"就理解目标并且准确执行吗？孩子如何知道20分钟是多久？是不是知道什么是一周？怎么能记得自己一周里究竟已经玩了几次？

有时，一个需求还可能要视难易程度被切分到几个不同的项目里完成，甚至可能要分布在不同的年龄段，以确保孩子有能力承担。

项目目标与孩子的实施目标一样吗?

项目目标指向的是希望训练孩子掌握什么时间管理的相关技能，它会决定我们为孩子安排什么训练项目、用什么方式来实施；而孩子的实施目标则是一个子目标，是项目内让孩子看得见的更小、更具体的目标。孩子可以不必了解项目目标是什么，但却必须了解自己的实施目标是什么，因为只有知道自己的实施目标，才知道自己应该要做什么。

比如，我带孩子做一个阅读计划，我的项目目标是让他将多任务进行协调安排以及步骤细分，对任务做更进一步的深化应用，而孩子看到的目标则是30天内完成一定数量的书籍阅读。当孩子达成他的阅读目标时，我的项目目标也就达成了。

③ 制定方案

有了明确的目标，接下来就是要设定具体的实施方案了。将项目内容分解到每一个将要实施的环节中之后，时间节点以及自己需要具体完成什么工作，都会逐一明确。

在制定方案时，情境与主题的选定要慎重：因为是针对孩子所做的训练，所以要尽可能为方案设定一个更贴近孩子生活的情境——比如洗漱、阅读、上幼儿园不迟到等；而主题则要尽可能有趣，能吸引孩子参与才好，比如寻宝、探秘、装扮游戏等。

方案基本要和后文我们所提到的"亲子实施"直接对接。所以若是刚刚开始带领孩子做训练，对整个训练流程并不熟悉，或者在尝试新项目时对训练的流程把握不大，我会建议你将完整的方案写下来，越是不熟悉越要写得详细，包括：什么时间会带领孩子做什么事情；用什么方式让孩子理解目标、理解行动并且有效执行；项目中可能会出现什么困难，会不会有来自于孩子的挑战，而应对的方式又是什么。

④ 选择工具

其实，工具也是方案的组成部分，单独拿出来说，是因为工具对孩子的训练效果是极为重

要的。工具是为方案的有效执行服务的，就不同的方案应当选择不同的工具与之搭配。一个好的工具对项目而言就是如虎添翼，孩子可以更容易理解、更有兴趣执行、也更有动力坚持下去！反之，则可能让孩子觉得无聊，一句"不好玩！"就可以轻易让项目还未开始就已经被判了死刑。好马配好鞍，好的项目也需要搭配好的工具！

⑤ 回顾总结

若只是出于好奇，或者想临时性地解决眼前难题而带领孩子做项目，那么回顾与否，也就不那么重要了。但是，如果是出于追求长期效果，有计划、有体系地为孩子做长期训练的话，回顾总结的价值就不言而喻了。就算有前人的实践作为参考，每个家庭、父母、孩子的情况依然不同，"拷贝"依然是会走样的。有效的回顾总结，不仅可以让父母分析出单次项目的实施得失，更重要的是可以帮助父母逐渐根据得失经验，摸索出真正适宜于自家孩子的训练方案。

在执行"父母策划"时，务必时时记得：对孩子做时间管理训练是为了追求长期效果，为了发展和培养孩子自我管理的能力和自律的品质，所以不要短视、不要焦虑，尤其不要拔苗助长！付出总有回报，或早或晚而已！

（2）亲子实施

整个"亲子实施"就是一个亲子互动过程，因此过程中务必时常提醒自己此前已经提到的亲子互动注意点：这是一件追求长期效果的事情，要时刻注意与孩子的连接，与孩子互相尊重，注意坚定与和善并行，引导孩子学习解决问题，并且领会错误是学习的好机会。

"亲子实施"大体会包括这样六个步骤：

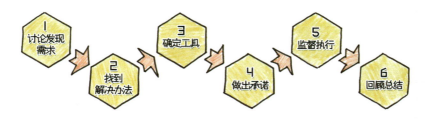

① 讨论发现需求

尽管需求一开始是由我们为人父母者发掘的，但它应当是对我们与孩子双方都是有益的，所以绝对不可以强加一个"需求"给孩子，而是要带领孩子一起来发现。

讨论发现的过程是为引导孩子看见被自己忽略的需求，让孩子意识到解决这个需求会给自己带来什么好处，让孩子自己对解决需求产生"渴望"！在本书的一些例子中，可以看到很多亲子共同发现需求的过程描述，在这些沟通过程中，我会尽量地引导孩子自己说出需求、自己说出解决了会有什么好处、自己说出"我想要做"，这对于孩子产生有决心和毅力去做好后面的训练执行，是极其重要的。只有当这些话是从孩子自己口中说出的时候，孩子才会真正觉得这是他自己的事情，而不是父母的事情，或者父母硬塞给他做的事情。

② 找到解决办法

当孩子已经明确表达出想要解决问题的意愿时，就要鼓励孩子一起来想办法了。孩子可能会说"我不会，我也不知道怎么办"。这时你会怎么做呢？

- 皱着眉头，一脸严肃地对孩子说："想想看！"如果孩子一直说不出你"设想的答案"，便一怒之下说："怎么那么笨，来听我的，我教你怎么做！"

NO! NO! NO! 哪怕你已有预设，也绝不是这般给孩子的！这种缺乏尊重的给予，好像居高临下的施舍，孩子真的会心悦诚服地接受吗？

- 拍拍孩子的肩膀，对他说："你行的，你想想！你肯定知道怎么办的！"

NO! NO! NO! 无视孩子的能力与经验不足，绝不是真正的鼓励，也绝不是真正的尊重。

虽然我们心知肚明：对于年龄小的孩子，方法都是成年人想的，哪怕对于大孩子，主要的方法其实也是成年人设想、考虑的；但是我们也一定要在过程中试着让孩子自己去找到方法。

想想我们自己的学习经验吧：用别人给你的解题方法，解了这一道题，题目换个样子再出现时，我们很可能依然不知如何解题，别人给你的方法依然是别人的；但是如果解题的方法是你自己摸索出的，哪怕是经人提示之后摸索出的，当你自己想明白时，这方法就再不是别人的，而是你自己的了。因此引导孩子一起寻找解决办法，使孩子从只能说出一些零星的、局部的方法到只需要你为他的提议做一些参谋、建议，才是让孩子真的学会解决问题，也体现了能力的真正增长。

③ 确定工具

工具对孩子了解自己的时间管理进程、结果是非常重要的，为孩子选择工具要遵循"有趣并有用"这个原则。孩子是工具的主要使用者，因此孩子对于自己将要使用什么工具必须了解得非常清晰、准确。至于带领孩子熟悉工具的方式，取决于"父母策划"中我们为孩子选择了什么工具。

● 成品工具——带领孩子认知

对于年龄小的孩子，一般我会给孩子准备成品工具（无论是市售的还是自制的），当然一定是有意思的、甚至是孩子从未见过的。因此对孩子而言，他所见的既新鲜、也陌生，新鲜会让他心生喜爱，陌生则使他需要我们引导他去认知：这个工具应该怎么用？如何通过工具知道自己是否已经做到该做的事情？清晰的了解，是正确行动并达成目标的重要前提。

● DIY 工具——带领孩子共制

其实，在孩子稍稍大一些的时候或者工具较为复杂的时候，让孩子参与共制不仅有利于孩子更好地理解工具，也更容易让孩子对工具增加亲近感和好感度，因此是十分有益的。

但有一点是我自己的坚持：尽管让孩子在参与制作工具的过程中做一些"手工美劳"似乎是一举两得的事情，但我也并不希望训练本身的焦点会因此模糊，因此对于自制孩子的工具的工作量，我都会尽量做一些控制。

关于工具的其他信息可以详细参考下文的"儿童时间管理的工具"，这里就不再赘述。

④ 做出承诺

与孩子约定承诺的方式多种多样，但承诺这个步骤绝不能省略！

一开始的承诺方式，可能就是和小朋友拉拉勾、击个掌，小朋友足以视之为承诺了！待到年龄大了，只是这样肯定就不够了，我尝试过为孩子写书面的承诺书，请他一起大声朗读，得到他应允后，请他"签字画押"。孩子觉得这个过程是非常有趣的，也挺"正儿八经"的。

以上这些肯定不是唯一适用的方法，也未必就是最好的方式，但重要的是请孩子做出承诺！孩子做出承诺了，当他遗忘、懈怠、畏难的时候，无需我们多言，只要稍作提醒，孩子就会有勇气为自己的承诺负责，继续坚持下去。

⑤ 监督执行

一个掌握了正确方法的孩子，进入到训练的执行阶段时，最理想的状态就是：成年人不必插手太多、也无须多言，只需要适时地提醒孩子执行、及时地给予孩子肯定与鼓励，孩子就能做得非常好！

那么，孩子会不会半途掉链子，耍性子、发脾气，说放弃就放弃了？我想，还真是会的！如果孩子真能那么自律，那么他们也就不是孩子了。如果在孩子的新鲜劲儿过去后过程变得不那么顺利，切忌随意进入"指责"、"威逼利诱"模式，试试看对他说"记得我们的约定"、"想一想你的承诺"，或许孩子比你预想的更明白自己该做什么、怎么做！

放弃是最后的选择，但不放弃也绝不代表强逼着孩子坚持，不放弃意味着让孩子知道承诺绝不是说着玩儿的，因为我们和他自己都已经同意要一起来做成这件事情。

但如果真的出现了"放弃可能是最适合的选择"的情境，我们为什么不能就真的放弃呢？放弃过后，面对挑战，我们可以和孩子重新回到"找到解决办法"的环节，和孩子再一次共同想想新的办法，这是不是也是对孩子最好的支持？

⑥ 回顾总结

回顾总结可以是相对严肃的，尤其是对于年龄大的孩子，理性的总结会更有利于让其对整个项目有全面并深刻的理解，比如做 PDCA（Plan-Do-Check-Act，计划－执行－检查－行动）、针对结果给予一些非物质性的激励反馈（物质激励会带来太多负面作用，要慎之又慎）等。

当然，回顾总结也可以既正式又感性，可以是一个庆祝仪式、一个派对等，这是让孩子非常受用的，也会让他们更有成就感。比如有些工具，在项目完成后，其本身呈现出的东西都会让孩子看到那种可以为之自豪的反馈（比如工具上布满了完成任务后的标记，工具从空白变为元素丰富）！保存这种工具，办一个"收纳仪式"，对孩子而言是个纪念，也代表着一个项目正式的句号。

在整个训练过程中，所有的实施步骤大体就是如此了，但也并非一成不变。父母不必太过于拘泥，大可以根据项目的实际情况做出摘选，保持适度的灵活性会更有利于整个项目方案的决策与实施。

儿童时间管理到底是学习过程还是训练过程？

儿童时间管理的学习过程，对于孩子而言，就是一个训练的过程。虽然"训练"二字的确可能引来争议，有人或许会对此甚为反感：养孩子又不是训狗、训猫。

学习并掌握一项新技能的时候，嘴上说的"我懂了"是不会与行为上的"我做到了"直接划等号的，使行为内化成习惯，是一个漫长的、有体系的包含学习、练习、试错的过程，这个过程就是训练。

训练也好，学习也罢，只是种说法，没必要咬文嚼字。培养孩子自我管理的能力，帮助其掌握一项重要的技能，带领孩子学习，始终不忘初心，就是好的！

→ 仪式感与契约精神

1. 仪式感

曾经读到过一篇关于给孩子用瓷器餐具的故事：当孩子年满 7 岁时，父母就把他那些不易碎的餐具全部换成瓷器，以示他已长大，相信他已有足够的能力使用易碎品，这是对他成长的肯定，也是对他的一种期待。孩子拿到瓷器餐具后会怎么样？小心翼翼地珍惜？还是轻易莽撞地摔碎？

我在带领孩子做时间管理的时候，我经常会安排各种仪式——或大或小、或简或繁。

开始一个新的项目时，我们可以举行一个项目的启动仪式：比如在工具上设置一个起点，让孩子在起点处放上标签，和孩子一起大呼："Let's go!"此外，如前文所述，可以让孩子在项目前做出承诺，可以有一些特别的小仪式，如拉勾、击掌、签承诺书等。

为什么要安排这些仪式？是为了有趣吗？是，也不是！或者说不只是！

我们先一起想想：仪式感是什么？对我而言，最能让我体会到仪式感的就是：春节吃团圆饭，吃汤团，守岁拿压岁钱，大年初一早上人与人见面互道新年好，穿上新衣走亲戚拜年；端午节戴香囊、挂菖蒲、吃粽子、赛龙舟；中秋赏月吃月饼；重阳登高吃糕……当传统节日与传统仪式失去连接，节似乎就不成节了。这就是仪式感，有趣而又郑重其事。

祈福前要沐浴斋戒、拜师要叩头行礼、与人见面要拱手作揖、升国旗时要直立注目、入队入团要握拳宣誓……感动、敬畏心、神圣感，这些感觉是不是会伴随着仪式而生？这就是仪式感的微妙之处：小小的感觉支撑起事件最为本质的存在，让你心里一直有它！

如果说，工具可以让孩子看见时间管理，那么，仪式感则可以让孩子感觉到时间管理。

在带着孩子做时间管理训练的时候，我们可以安排各种各样的仪式：宣布开始、庆祝胜利、纪念结束、升级工具等。各种各样的仪式能让孩子真切地感觉到：这件事不仅有意思，而且很重要，是开始做了就要认真做、不半途而废的事情；是只要坚持了，就能做出结果的事情。无形之中，带着这种感觉，孩子就会更加重视时间管理。

2. 契约精神

这些年，每到毕业季就会听到各种关于大学生为了每个月工资多 50、100 元就轻而易举地毁掉与前一家公司签订的就业协议的消息。在正式文件上签字盖章，到底意味着什么？如今的孩子们，真的明白吗？

我第一次给我的朋友们看我家小朋友按了手印的承诺书时，很多人都笑着说："你怎么想得出的，太搞笑了。"可能很多成年人也觉得，小朋友的事情嘛，承诺也只是过个场而已。

可是，孩子们其实都聪明着呢，如果我们自己都不相信承诺有意义，孩子们会相信吗？

那绝不只是一张按了手印的纸而已，同时要做到：

● 按印前，与孩子共读承诺内容，确保孩子已经理解；

● 反复与孩子确认他是否愿意为此承诺，让其压下手印以作证明；

● 将承诺书张贴在墙上，时时提醒孩子：这是他自己已经做出的承诺；

● 项目完成后，带孩子重新共读承诺内容，祝贺他做到了！

说到就要做到！你不轻视承诺，孩子也不会学着轻视；你看重承诺，孩子也会学着重视。一个从小知道"承诺之重"的孩子，相信其长大后一定会更懂得诚实守信、也更有担当。

所谓契约精神，绝不会突然有一天说有就有。要潜移默化、循序渐进地培养孩子的契约精神，种下因，就会结出果。

→ 儿童时间管理的工具

尽管是从带领孩子做时间管理的角度出发来说工具，但是我们所提及的所有工具其实都不只适用于孩子，只是那些工具都穿上了一件更适合于孩子的外衣。发扬"拿来主义"精神，父母完全可以拿来自用。使用工具到底会有什么好处呢？

1. 让工具说话，避免父母与孩子陷入权力之争

对于时间管理的工具，有些人可能会误会——父母试图通过工具来控制孩子的生活。

其实，孩子从来都不是"乖乖听话"的！只是孩子越小，越不会带来言语或者行为上的冲突罢了。不是小朋友不想，是还没这个能力而已！但是，孩子1岁后，会走路、会说话，你对孩子亲热地伸出手说"抱抱！"可能他扭过头就走，留给你一个小小的背影。当一个越来越有主见的孩子，开始与你在越来越多的事情上有分歧、甚至有冲突时，你就真的不曾动过使用父母权威去

控制局面、控制孩子的念头吗？

工具是中性的。所有的工具都是时间管理的载体，绝不是伪装后的控制武器。若要避免工具沦为控制的武器，那么就要重视产生这个工具、让孩子接纳这个工具的过程。如果工具只是父母强加给孩子使用的，那么让工具具有控制色彩的不是工具本身，而是父母的行为。

有了工具，孩子就会乖乖地执行，从此就天下太平、万事大吉了？这大概是做梦才会发生的好事吧。好吧，哪怕已经啰嗦了好多次了，我还是忍不住要再说一次：孩子就是孩子，如果孩子能够那么自律，他们就不是孩子了！当我们与孩子发生冲突的时候，让工具"说话"，可能会让我们不那么轻易地陷入与孩子的权力之争。

● **工具可以让目标显性化**

当我们想清楚训练目标时，就会着手为孩子选择或者制作合适的工具。虽然我们对孩子要做什么可能了然于胸，但孩子是否真的就能仅凭我们的几句话就搞清楚并且记住自己应该做什么？

利用合适的工具，再复杂的项目都可以清晰、简单明了地呈现在孩子面前，这样一来，孩子要做什么也就非常清楚了。他们可以依照工具的要求一步一步地做，就是否已经达到要求、是否达成目标，工具都会给他们直接的反馈。

● **工具可以让孩子看见时间管理**

时间管理是个"看不见"的概念，对孩子而言，更是如此。但是，工具是显性的。当工具上清楚地展现出时间的元素、事件的元素，孩子需要对此做出排序、取舍时，他渐渐就会明白，所谓时间管理，就是对这些元素做出安排。自己根据工具所显示出的内容，安排好自己生活中的事情，每做完一些就更新工具上的内容，循环往复，这不就是时间管理吗？

2. 核心表单工具：任务清单、惯例表 & 日程表

● **三张表是什么？**

这里的任务清单（To Do List）、惯例表（Routine Sheet）和日程表（Schedule），可能未必与常规途径下的任务清单、惯例表、日程表保持完全一致，可能特征、用法会不同，所以请大家仅仅将名称当作是代号就好。

为了能更清晰地展现出孩子时间管理训练的发展过程，我使用这三张表来区隔不同的训练阶段，分别是：

- 3 岁：第一阶段——任务清单
- 4 岁：第二阶段——惯例表
- 5 岁：第三阶段——日程表
- 6 岁：第四阶段——三张表的综合运用

这三张表内的决策元素是不断做加法的，需要考虑的维度从单一不断走向多元，执行的难度也是递进的。可以参考下面这张图：

简单了解之后，我们再对这些在未来训练中会出现的表单，分别做进一步的说明：

（1）任务清单（To Do List）

任务清单基本上具有所谓的第一代时间管理的备忘录呈现形态。我拿它来给孩子做时间管理训练时，会设定任务清单里的时间、事件以及两者的关联，如下图。简而言之，这张表的作用就

事件内容	顺序	起止时间	时间长短
✔	✘	✘	✘

是让使用者把事情完成。

这样设定完后，任务清单就是非常简单、直观的一份表单了，不需要考虑执行的具体时间，也不必思考各项事件的发生顺序，只要将要做的事情一一列出，做完了标记"完成"、没做的

空着"开天窗"，执行的结果便一目了然。因为简单，所以我将它用在孩子训练的入门阶段。在解决一件需要多次执行的事情时或是解决多个需要执行的事件时，我会选择使用任务清单。

（2）惯例表（Routine Sheet）

我在惯例表中，在前阶段的任务清单基础上，增加了对各个事件的发生的前后顺序的考虑，它属于我的儿童时间管理训练的第二阶段工具。我设定了惯例表里的时间、事件以及两者的关联。简而言之，这张表的作用就是让使用者有顺序地做事。

事件内容	顺序	起止时间	时间长短
✔	✔	可选	✘

惯例表首先会包含各个事件内容，并且对事件与事件之间的先后执行顺序做出约定。孩子执行时，只要根据惯例表的内容一步一步地去完成即可。

惯例表是来自《正面管教》中的一种工具，我在使用时根据我的需要做了改动。虽然惯例表是完全可以加上明确的时间要求的，但我为了区分出训练的阶段差异，而有意将三张表的元素做了不同的安排，在惯例表中，就不对时间元素做过多的考量了。

（3）日程表（Schedule）

运用日程表，就是要综合地运用好时间、事件以及两者的关系。日程表中事件的数量和时间跨度都会增加，如图所示。简而言之，这张表的作用就是让使用者在规定的时间内有计划地完成各种事情。

事件内容	顺序	起止时间	时间长短
✔ 多事件	✔	可选	✔ 长周期 （周/月/年）

日程表的呈现形态其实已经非常接近成年人的时间管理工具了，而我会使用更多的视觉化元素来帮助孩子理解并运用。使用视觉化元素（图画、照片等），一方面是考虑到孩子并不识字，视觉元素会使孩子更容易理解，使用时也不会混淆；另一方面是考虑到，视觉化元素相较文字，确实也更生动活泼，更容易激发孩子的好奇心。

当孩子能真正独立熟练地运用日程表时，其实他已经初步具备了时间管理的基础能力，这种能力或许是很多从未接受过时间管理训练的成年人都未必有的哦！

3. 计时工具

虽然我之前已经提到，帮孩子做时间管理时，我并不选择让孩子从认识钟面时间开始，但这不意味着不需要使用计时工具，计时工具不仅可以用，而且必须用！什么是计时工具呢？除了钟、手表，还有其他什么吗？当然有！

（1）沙漏

这是我让孩子接触的第一个正式的计时工具，用于计算刷牙时间，那时我的孩子大约2岁。孩子因为年龄太小，没有认识钟表的可能性，基本上也不太认识数字，所以我要通过更容易接受的方式让孩子了解刷牙需要的"3分钟"是多久。

于是我选了沙漏，专门用来提示孩子刷牙的时间。卡通造型、装彩沙的沙漏是非常漂亮的，对孩子有吸引力，孩子刷牙时，沙子安安静静地流逝，对孩子没有什么干扰，孩子可以将注意力放在刷牙的动作上。此外，这类沙漏的价格也并不贵，所以不失为一个合适的选择。

当然，这里并非只有沙漏一个选择，用定时器也是很好的，尤其是卡通造型的定时器，比如"巧虎"就有一款专门用于提醒孩子刷牙时间长度的定时器。

（2）发条定时器

发条定时器是最为人熟悉的、也是最容易购买到的，它似乎很平常，但为何我要单独列出来呢？因为我意外地发现了发条定时器的"特殊优点"，希望能被更多人知道！

发条定时器，相比沙漏，最大的差别是将时间的显示变得更明确（数字化），但还有一个容易被忽略的差别就是——噪音！发条定时器在倒计时的过程中，是一直会发出"嗒咔、嗒咔"的声响的。

给孩子用发条定时器，是一个无心的选择，那时他发现了玩 iPad 是很有意思的，而我不希望他玩得太久，而那时手边正好有一个最常见的厨房用的发条定时器，顺手就拿来用了。几次之后，我突然发现，我家小朋友在使用计时器的时候有一种莫名的紧迫感，后来我终于发现——奥妙就在那"嗒咔、嗒咔"的噪音之中，无形中它一直在起着提醒的作用，仿佛在小朋友耳边说："快点啦、快点啦，时间要到啦！"

所以说，发条定时器用在这种我们并不希望孩子着迷的事情的提醒上，是不是更好呢?

（3）电子倒计时定时器

电子倒计时定时器相比发条定时器，又有了些变化，这些变化也会带来一些不同的价值。

- 时间的显示从模糊到清晰具体：显示屏上会有清晰的分、秒数字，这和孩子未来使用电子钟（表）认识时间形成了无缝衔接。

- 时间流逝的过程几乎是安静的，这可以确保孩子做事不受干扰，不影响专注力。

电子倒计时定时器可以用在任何需要提示具体时长的环境中，它比手机、手表都更纯粹，对人的干扰也是最小的。

电子倒计时计时器的种类很多，我用过很朴素、普通、由重力控制的，也见过很花哨的，比如能依照多用途分割出不同的时间提示，但是价格贵得令人咋舌。计时器的本质作用还是提示时间，不过不定期地更换使用一些外形差异明显的计时器，倒也能增添使用趣味。

（4）钟、表、手机

最后是这些最为人所知的计时工具。当孩子已经具备时间认知的能力、也到了应该使用它们的年龄时，它们自然会被选择使用。但无论怎样，资深的时间管理者一定会认同定时器不可替代的好处。它们是与钟、表、手机截然不同的存在，番茄工作法的番茄计时器就是最好的证明。

4. 自制孩子的私人工具

区别于上文提到的两类工具，对于这部分所要讲的工具基本上都是从呈现载体的角度来谈的，也就是孩子使用什么来看到自己的时间管理过程与结果。

相比西方人，我们并不习惯于使用工具来规划并管理生活，而大部分现代管理工具（尤其是职场中的）也的确是改革开放后，伴随着一大批跨国企业进入中国而一并带入的。没有使用规划工具的习惯，其实也就意味着市面上并没有太多可供选择的工具，即便有也多是舶来品，使用上也多有水土不服。成年人的可用工具尚且如此，孩子的可用工具就更是少之又少了。

成年人做时间管理时，最常见的工具，一是纸制品——日程本、手帐本等；二是 PC 端工具，如 Outlook 的内设日程表；三是一些移动端的各种应用程序。

这些，肯定是不适合直接拿来给孩子用的！一个好的儿童时间管理工具一定是充满童趣的，是足以激发孩子的好奇心，让孩子跃跃欲试的！若现成的好工具确实不易得，那也真的只有走上自制之路了。

● 儿童时间管理工具的特征

先说说我心目中一件好的儿童时间管理工具应该有一些什么特征！

（1）大

联想一下小朋友的玩具吧：越是低龄孩子的玩具，体积往往越大，这与孩子的身体发育以及动作发展水平是有关联的。其实哪怕是给成年人使用的那些纸质工具，依照中国人的书写习惯，也是大开本尺寸比随身本尺寸用起来更舒服。孩子的工具并没有随身携带的必要，大工具的好处就能体现得更淋漓尽致：

- 有震撼力——第一时间抓住小朋友的眼球。
- 容易使用——道具越小对操作的精细程度要求越高，而大了自然好用，也更适合小朋友。
- 更易见——小道具易收纳，收着收着就放到看不见的地方了，而大道具一般更醒目，确保执行期间一直都会看得见。
- 元素展现更清晰——小本子上一行字，换成大道具上的大图片，哪个更清晰，是不是一目了然？

总之，对于学龄前的孩子，尤其是入园前的孩子，使用的道具，绝对宜大不宜小！

（2）有趣

虽然时间管理的训练是正儿八经的，时间管理的工具本身也是严肃的，但家长完全可以将工具作一番精心装扮，让孩子看到一个极其好玩的东西，一看就想快点用起来。

"萌物"盛行的年代，成年人都喜欢可爱的物件，更何况孩子。

工具的趣味可以通过不同的角度体现，而且越是脑洞大开越好！

- 样式要花俏、可爱。动物、飞船、怪兽这样的异形都会让孩子眼前一亮。形状、颜色的选择要充满想象力，只要你想得到、你的孩子会喜欢，就是非常非常棒的选择。
- 主题可以是魔幻、童话、超人、公主等。越是贴近孩子的兴趣点，孩子使用这个特别的工具的意愿就会越强烈。

（3）易懂

这个虽然放在最后一点说，但它却是最重要的。一个道具只是大型、有趣，但是无法让孩子看懂这个道具到底在说什么、应该怎么用，那么就是白搭！

所有展现给孩子看的元素都要简单、明了、直接、符合孩子的理解习惯，最好的情况是不需要解释、说明，孩子一看就懂；差一些的，也至少是和孩子做了一些简单说明之后，孩子就能迅速明白，没有歧义。总而言之，让孩子使用的工具，一定要保证让孩子可以在理解后正确运用！

● 自制工具的材料

自制工具的材料可选择的范围是非常广泛的，但从自制的角度来看，材料一定要容易购买，并且容易改造。

不同的材料决定了工具是否可以反复使用，这其中纸品是最典型的一次性使用的材料，但纸品也有其他材料所没有的好处，就是它最有利于做阶段性总结：取出一沓记录了孩子执行结果的纸品，总结时清晰明了。哪怕非纸品可以拍照留存，总结时总还是没有直接拿出纸品来得方便。

所以，没有完美的工具，工具各有利弊，只是各取所需而已。

- 打印纸：无论是手绘还是打印，各色打印纸总是最常用的，通常我会使用80克的打印纸，厚度比较适宜。
- 背胶纸：印制工具上的可变元素（比如代表孩子完成状态或者完成项目的元素），我一般都会使用背胶纸，印上对应的内容，使用起来就和孩子喜欢玩的贴纸是一样的！又方便、又讨喜。
- 卡纸：卡纸一般较厚，可以延长工具的使用寿命或者提高工具的使用质感，比如一些底板可以用卡纸来做，这样就耐用多了。

- 白板纸：白板纸通常是培训师用得最多的，说白了就是尺寸很大的白纸，适用于书写、画图，张贴上墙又清晰明了。用了它，我们之前提到的所有"大"的特征带来的好处就得到充分体现了。

- 活页本：学龄前阶段，我基本上不使用本子，但是伴随孩子书写能力的提高，本子的使用成为必然。但是市面上基本没有适合孩子使用的日程本，只好使用活页本。我会灵活地根据自己的使用需要制作模板，最大程度地满足自己的使用需求。

- 软磁铁：市售的很多 A4 大小的软磁铁都支持家用喷墨打印机自行印制图案。软磁铁的使用方式其实和纸品是一样的，优点就是粘贴方便、可以反复使用，并且不易损坏。

- 日用品的创意改造：一些日用品可以改造后当作配件使用，趣味性会很足。比如木夹、纽扣、发卡等都可以改造后用在任务清单上作为完成的标记或者其他预定好的标识。

- 布品、印刷品、木制品：这些材料的使用会让工具非常漂亮！但是，使用这些材料的复杂程度也会更高，所以，没有特别的美学追求，或者没有一技之长可以发挥的家长，自制工具时就不用太考虑这类材料了。

● 元素的呈现形式

在工具中，各种需要孩子遵守执行的事项我都会称之为元素，元素使用的决定权我通常会交给孩子，这意味着，在工具中，元素是最具有灵活性的，这种灵活性会体现在两个过程中：

（1）决策＆制作过程

孩子在决策过程中，不只是参与讨论，有时候也会直接在讨论过程中决定元素的使用，元素的使用往往会和工具的制作关联起来。最直接的例子就是制作惯例表，惯例表内元素的顺序排列是由孩子和我们共同讨论决定的，所以这时，元素就已经是灵活地在被孩子使用了。

（2）使用过程

有时候我会给孩子提供 3～4 个选项，他可以任意决定做哪一项；有些时候我会提供 3～4 次同一个选项，他可以任意决定做几次。孩子在使用工具阶段可以灵活地运用元素。

（3）使用案例

那么元素能以怎样的形式呈现呢？我使用过的形式大致包括以下这些：

① 图画

- 成品：获取途径不尽相同——网上搜索、下载或者购买成品等等。花些心思，是可以找到非常合适的素材的，而且通常图案也都很漂亮。

- 父母绘制：可以直接选择孩子生活中的物品、场景画成元素，孩子看到后的第一反应通常就是："哇，这个不是我的茶杯／睡袋／玩具吗……"孩子会因为这种熟悉度、亲切感而非常兴奋。父母绝对不要去担心自己画得好不好看，关键是让孩子有共鸣，反正我们家孩子从来没嫌弃我画得丑。如果有些素材是需要多次反复使用的，可以用手机拍照或者扫描后，转换成电子版。

- 孩子绘制：千万不要拒绝孩子也许并不美观的涂鸦，由孩子来绘制最容易激发孩子参与的积极性。只要孩子有兴趣，完全可以邀请他来画自己的工具，但过程中需要有一些引导，让你和孩子都同时获得确认："宝贝画的，代表的是一件什么事情？"确认是非常重要的并且是必须的，否则我们很容易在执行时出现偏差。最糟糕的情况是，孩子自己忘了画的是什么，然后临时起意，换了个想法，这会有悖于"执行约定"这个初衷。

② 照片

工具最主要的使用者是孩子，指向的也都是孩子的生活，所以可以邀请孩子做小模特，拍下照片用作元素。面对不会画画、更不会写字的小小孩，这个办法是非常好的。

③ 文字

这是孩子年龄越大使用得越多的形式，但对于学龄前孩子几乎没什么用，即使他们识字，文字通常也不会比图画、照片更容易让他们理解，或更受他们喜爱。

当然，如果孩子在识字敏感期，对文字特别有兴趣，或者孩子年龄已经比较大，但刚刚接触惯例表，使用文字当然也是可以的，而且文字也会使任务更明确、清晰。

● 工具的使用与保存

关于工具的保存与摆放，我强烈建议的是——上墙！可以把工具挂在墙面、白板、黑板上，总之抬头可见，没有取、拿的过程，就是最好的！所以哪怕是纸品，我都会选择贴在白板上，而不是一直收起来。一个可以让孩子随时看见的工具，才可能更有效地发挥提示作用。

最后，使用过的工具，最好能妥善保存，至少是保存一段时间。在一些大项目结束的时候，我会为孩子举行一个小小的工具保存仪式，一方面这是体现我对他这一段时间认真执行、辛苦付出的认可与尊重；另一方面也是让他由始至终地看到：工具是被重视的，不是一张废纸、不是随便用用就算了，从开始使用到结束使用，它都是"神圣"的！

在本书的下篇"给 N 岁孩子的时间锦囊"中，大家还可以看到更多关于自制工具的实例。

单元 5

说给爸妈的悄悄话

在本书的上篇"写给父母们"的最后，我有一些悄悄话、贴心话想和爸爸妈妈们说说。

→ 投资你和孩子的"第二象限"

还记得我们之前提到的四象限原则吗？所谓第二象限的事情就是那些"重要而不紧急的事情"。为什么要投资？投资第二象限，为的就是从长远上减少"重要又紧急的事情"的发生，尽量杜绝"紧急而不重要的事情"的发生。

带领孩子做儿童时间管理训练，就是一个标准的第二象限事件！

● 儿童时间管理训练，是一件必须做的事情吗？

就成年人是否应该做时间管理，我想未必会得到百分之百肯定的答案。给孩子做时间管理训练有必要吗？我想，更不是所有人都会认同！也许有意愿带领孩子做时间管理训练的父母不会超过父母总人群的50%，真正带领孩子开始做训练的可能不超过30%，坚持带领孩子做训练的可能不超过20%……也许，很可能这样的比例都已经假设得太理想了！

● 儿童时间管理训练，重要吗？

认可的人自然认可，不认可的人也多说无益。

关于带领孩子做时间管理会带来什么好处，我们之前已经说了不少。但凡对带领自己孩子做时间管理训练这件事动了心的人，其实或多或少都能感觉到这件事是会带来好处的，究竟有多大的好处，见仁见智而已。

● 儿童时间管理训练，紧急吗？

"我就是想拿它来解决眼前的问题啊！孩子不肯乖乖睡觉啊！做事磨磨蹭蹭啊！我看着都急死了，不就等着拿时间管理的工具来解决问题吗？怎么可能不紧急！绝对紧急啊！"

这么说没错！但是细想一下，如果没有给孩子做时间管理训练，你会不会用其他方式来解决刚刚所说的问题？也会，对吗？你可能是用粗暴的方式，也可能是用较为民主的方式，总之，时间管理训练并不是唯一的选择。既然不是唯一选择，就谈不上紧急。

此外，即便时间管理训练是唯一的选择，它是能立即产生效果的吗？能立即解决你所说的一系列问题吗？答案自然也是否定的。既然它不是能立即解决问题的，自然也就谈不上紧急。

● 儿童时间管理训练，真的值得投资吗？

既不是唯一的选择，又不能立即解决眼前的难题，为什么还要做呢？

当孩子真正学会了时间管理，眼前的难题会不会得以解决？答案自然是肯定的！

当再次出现类似的难题时，时间管理工具会不会直接成为孩子的一项选择？答案自然也是肯定的！

当孩子真正学会了时间管理，类似的问题会不会少出现，或者在成为问题前就已经得到了解决？答案似乎还是肯定的！

短期未必见效、长期可能有收益，这就是投资。训练的过程虽然不易、也未必带来立竿见影的效果，但若不做，就永远见不到那份可能出现的收益！

● **最难的是开始与坚持**！

即使知道了、也认同带领孩子做时间管理训练的价值，但真正采取行动并且坚持做下去的人依然是少数。所以我常常在自己畏难和犹豫的时候对自己说："最难的是开始与坚持！"而"开始与坚持"，也的的确确在很多方面带给我意料之外的回报。

所以如果你已经动了心，想要开始训练，那就一定要知道，这项训练不是1天、1星期、1个月，甚至不是1年、2年就能够完成的。你要给自己一点点勇气，推一推自己，让自己开始去做，这是胜利的第一步；如果你已经启动了训练计划，那你还要给自己再多一点勇气和耐心，让自己坚持下去、咬紧牙关地坚持下去，坚持，直到花开时！

你要花时间训练孩子，然后退后，最后慢慢放下。终有一天，孩子是要独立远行的！我们所"投资"的，就是他独立行走时的防身利器！

→ 恢复元气的 "Me Time" ——爱自己

最后这些话，是我想对各位妈妈、我的姐妹们，也是对我自己说的。

虽然孩子是父母二人共同的结晶，但通常母亲陪伴孩子的时间更多、承担的育儿责任更重，这也的确是不争的事实。女人天生容易思虑过多，经过辛苦的十月怀胎，当孩子来到这个世界时，仿佛孩子一下子就成了我们的整个世界。越想要成为合格的父母、成为更好的父母，就越看重自己身上的那份责任，而那份责任有时候竟不知不觉地成了枷锁。我们会去看很多育儿书、寻求很多帮助、时常审视反思自己的育儿行为，却还总担心自己做得不够好，担心让孩子失去自我、失去天性。

陪伴孩子是一件耗体力、耗精力的事情，人前快乐幸福的妈妈，人后可能是一个焦虑、纠结、等爱的女人。当妈妈们满心、满眼、满怀都是孩子时，我们自己在哪里？孩子，从来都不应该是让我们迷失自我的存在。我们应该爱孩子，也应该爱自己！

"Me Time" 是爱自己的时间，能让自己恢复元气！

Me Time

● 不用很长、也不用很频繁，1 小时可以，1 天也可以；每天 1 次可以，每周 1 次也可以。拥有一些只属于自己的时间，足以让自己感觉好起来的时间，就很好。

● 放下责任感，丢下"负罪感"。孩子不只是我们一个人的孩子，孩子也不是我们的全部。

● 创造"爸爸去哪儿"的机会：给爸爸一些和孩子独处的机会，让他做一些爸爸才更适合与孩子一起做的事情。这在给了你"Me Time"的同时，何尝不是让父子有更多相处的机会、增进亲情呢？

● 做一些爱自己的事情和自己爱的事情，这不只是休息、消化负面情绪，更是让自己快乐起来、找到自己！例如：

  ● 发展自己的兴趣：运动、艺术、手作、阅读，或者参加一些学习等，给自己的精神"充点电"。

  ● 重温爱情与友情：和爱人看场电影、和闺蜜喝个下午茶，给自己的情感"充点电"。

- 享受一下生活：做个 SPA，给自己的身体"充点电"。

- 或者，什么都不做，一个人安安静静地待一会儿，也挺好……

身为母亲，理应拥有自己的生活，而不是依靠管理孩子的生活来产生对自己的认同！只有元气满满的你，才能成为更好的母亲、更好的自己！

LOVE CUP
爱之杯

下篇

给 N 岁孩子的

时间锦囊

单元 6

给0～1岁孩子

0～1岁孩子的特质

孩子人生的第一年，最重要的事莫过于求生存——吃喝拉撒睡，满足了他们最基本的生理需求，就一切都好办！

在孩子出生的头几个月里，他们的生活时间表几乎是无法预测的。多久喝一次奶？每天睡多长时间？一切都有着极大的不可控性。我们无法"控制"孩子怎么做，但我们可以控制自己怎么做。

时间管理训练的重点

这个阶段，我把它称为时间管理训练的准备阶段。这个年龄的孩子是完全被动参与时间管理的，因此父母基本上是这场独角戏里唯一的主角，你们围绕时间管理唯一要做的就是——为孩子建立规律的作息时间。

孩子睡觉前，轻轻地对他说："宝宝，睡觉的时间到了！"

孩子吃饭喝奶前，对他说一句："吃饭饭／喝奶奶的时间到了！"

孩子洗澡前，对他说一句："洗澡的时间到了！"

一个越早建立规律作息的孩子，也许在未来越能让家庭避免那些因"我不要吃饭！我不要睡觉！我不要做某某事！"而产生的一场又一场与孩子作息问题有关的权力之争。

宝贝，睡觉的时间到啦！——生物钟

我们家老大壹壹是一个早产儿，周五我还在正常上班，周一的清晨，他就出生了。第一眼看到这个皱巴巴、肉嘟嘟的小东西出现在我们面前时，我们又开心、又心疼、又手足无措，恨不能时时把他抱在怀里。最初的喜悦过去后，我们开始慢慢体会"骨感的现实"——吃喝拉撒睡接二连三地成为了挑战，时时困扰着我们。

或许是受早产儿综合症的影响，"急吼吼"离开娘胎的小朋友，在出生后的头 3 天，只睡觉、不喝奶；出院回家的第一天，一天只喝 30 毫升奶，还是一勺一勺硬喂下去的，这整整一天的奶量还不及其他小孩一顿的量！

因为我们护理不当，壹壹的湿疹竟然发展成了脓疱疹，出生只有 14 天就被隔离住院了。

可能是住院的时候饿怕了，小家伙回家后的吃奶量有了极大的提升，终于，吃不是大问题了。但是，睡觉的问题又出现了。小家伙白天不肯自己睡，一直要闹腾到傍晚睡一觉，通常到了晚上 10 点、11 点又不睡了。再后来，小家伙白天只接受抱着睡，晚上入睡虽然正常了，但每天清晨 4 点就起床，大冬天的 4 点啊，现在回想起来都是一把辛酸泪。

好在我有记录小朋友每日吃喝拉撒睡的习惯。产假结束前的一个月，我突然想明白一件事——小朋友的世界里其实只有吃、睡、玩（发呆）、卫生（拉、洗）这 4 件事，而他做这些事的顺序一般都是有规律的，虽然时间点不那么固定……我们可以顺势而为，就着小朋友的一般作息规律为他建立一个对我们彼此都更好的作息，创造一个更好的生物钟！

我们在壹壹身上做了一轮有意义的尝试，壹壹也慢慢地长大了！

之后，我的小女儿妮妮出生了，妮妮和壹壹有很多共性：过敏体质，不嗜睡，清晨 4 点多起床；但他们又是截然不同的孩子：妮妮足月出生、作息没有混乱期，有女孩儿天然的"娇气"，4 个月起就不喝夜奶（哥哥则喝足了 23 个月的夜奶）。这个世界上没有固定不变的生物钟，因为每个孩子都是不同的，同一个孩子在不同的成长阶段也有着不同的表现，变化才是唯一不变的。

我们不那么驾轻就熟地作了第二次尝试，同时也修正了一些认知上的缺漏——不要纠结于孩子为什么 8 点半了还不睡、7 点了怎么还不想喝奶，重要的是在固定的时间段让事件发生，并且保持固定的发生顺序！"宝宝，睡觉的时间到喽！"拍着宝宝的身体，哼唱着晚安曲，渐渐地……小宝贝，睡着了。

这种尝试给我们的回馈不只是让老二妮妮的生活更有规律，其更大的价值是让我可以因此安排出更多的时间陪伴老大壹壹，而这对于有两个孩子的家庭而言，是无比重要的！

时间管理的价值

所有对小婴儿的时间管理，都只是父母（照顾人）的时间管理，是一出名符其实的独角戏。父母通过固化孩子的生活事件顺序使惯例形成，用自己的行为来触动孩子的"条件反射"，最终使孩子形成较为规律的作息生物钟。

这样做，对孩子的意义在于使其接受由此带来的生活规律，并对时间有些许感性的体验，而父母将由此成为重要的受益人——你会因此获得属于自己的时间，宝贵的、一直渴望的属于自己的时间！

如何分析

→ **第一步：理清事件**

● 小婴儿的生活里会有哪些事情？

● 确定核心事件与惯例事件

请注意，这里的核心事件是指时间管理的"大石头"※，而不是针对孩子生长发育所做的重要性区分。对一个小小孩的成长而言，许多事都很重要，但核心事件是孩子的睡和吃（喝奶），因为：

● 睡是所有事件中需要时间最多的
● 喝奶是所有事件中频次最高的

围绕着核心事件来使生活规律形成——确定惯例、让婴儿的行为形成条件反射，是整个婴儿期的时间管理的重点。

项目	时长
起床	
喝奶	
洗漱	
玩（室内/户外）	60~120分钟
喝奶	
睡觉	90~150分钟
起床	
喝奶	
玩（室内/户外）	
洗澡	20分钟
喝奶	
睡觉	60~120分钟
起床	
喝奶	
玩	60~120分钟
喝奶	
洗漱	
睡觉	8~12小时

→ 第二步：厘清时间

不要试图为每个事件都规定好时长，我们是在家里，不是在军队；我们的目的是让孩子的生活有规律，不是对其进行军事化、模式化的管理。因此，只需要对一些重要的事情或者必须控制时间长度的事情，做出必要的时间规定就可以了。

※《要事第一》口有一个"实验"：在一个大罐子里，放入大石头、小石头、沙子和水，不正确的方式会导致无法将所有的材料全都放入罐子中；如果先放大石头，再依次放入小石头、沙子和水，则能将所有的材料都放入罐子中。大石头就是核心事件，要优先处理。

时间点	项目	时长
	起床	
	喝奶	
	洗澡	
	玩（室内/户外）	60-120分钟
10:00-10:30	喝奶	
10:30前	睡觉	90-150分钟
	起床	
	喝奶	
	玩（室内/户外）	
15:30-16:00	洗澡	20分钟
	喝奶	
16:30前	睡觉	60-120分钟
	起床	
	喝奶	
	玩	60-120分钟
19:30-20:00	喝奶	
	洗澡	
20:30前	睡觉	8-12小时

重要惯例核心事件

重要惯例核心事件

重要惯例核心事件

→ 第三步：匹配事件与时间

与前一步一样，绝对不要为每一个事件都确定具体的时间点，设定得太细致会使得计划缺乏弹性，直接导致丧失可执行性。只需要为关键的核心事件、重要惯例设定好时间（区段），然后执行，就会让整个计划非常有效。

→ 第一步：为孩子制定日程表

孩子存在个体差异，有的孩子一天睡 16 个小时，有的孩子可能只睡 14 个小时，所以父母要根据自己孩子的实际情况，在基础模板上设计出一个适合自己孩子的"生物钟"。

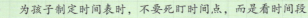

- 为孩子制定时间表时，不要死盯时间点，而是看时间段
- 越小的孩子越需要如此
- 时间管理精确性的提高无非只是时间段的缩短而已

→ 第二步：严格执行日程表

家长的行为是孩子形成"条件反射"的重要依据。可以让孩子习惯于洗澡之后喝奶、喝完

奶之后刷牙、刷完牙之后睡觉，如果孩子不愿睡，父母可以干预哄睡。让孩子能在固定的时间段内入睡，是确保生物钟有效发挥作用的关键。

等孩子大一些，可能单纯地哄睡会渐渐失效，这时就可以考虑加入一个固定的"娱乐环节"，比如听音乐、讲故事，之后就是入睡仪式：拥抱——亲吻——道晚安——开小夜灯——睡觉。

● 孩子为什么不肯睡？孩子为什么不肯吃？

通俗而言，"电没放完"，消耗不足自然不需要摄入、不需要休息，所以孩子有足够的运动和户外活动，对按时睡、好好吃是极为重要的。

Q&A

1. 这个生物钟能用多久？

一个成长中的孩子的任何一个生物钟都不是形成后就可以让家长一劳永逸的，家长一定要随着孩子的发展帮助孩子调整生物钟。但请记得，改变不是最重要的，重要的是使孩子在一定阶段内有适宜的、有规律的生活作息！

2. 我的宝宝是母乳喂养，是按需喂养，怎么能确定固定时间呢？

母乳喂养虽是按需的，但完全无规律的喂养一般都只发生在出生后最初的几个月里。宝宝除了"猛长期"需要大量不规律地喝奶外，大致还是会有他相对固定的喂养时间段，比如在 10:00 ~ 10:30 或 15:00 ~ 16:00 的时间段会喝奶等。所以，无论是哪种喂养方式，父母都可以帮助宝宝形成固定的作息。

延续与扩展

以下的时间表可以与之后我们提到的孩子的日程管理的各种工具结合起来使用。

时 间	0～1岁	1～2岁	2～4岁	4～6岁
05:00～07:00	睡觉→起床→喝奶→洗漱→玩	睡觉→起床→喝奶→洗漱→玩	睡觉	睡觉
07:00～07:30			起床→洗漱	起床→洗漱
07:30～08:00		早餐（20～30分钟）	早餐（20～30分钟）	早餐（20～30分钟）
08:00～08:30				出发
08:30～09:00		玩→喝奶／点心→阅读（10～20分钟）	玩→喝奶／点心→阅读（15～30分钟）→玩（室内）	在幼儿园
09:00～09:30				
09:30～10:00				
10:00～10:30	喝奶→睡觉（150±分钟）	睡觉（90±分钟）		
10:30～11:00				
11:00～11:30			午餐（30分钟）→玩（非激烈）	
11:30～12:00				
12:00～12:30		起床→午餐（20～30分钟）→玩（室内）	睡前阅读（10～20分钟）→午睡（120±分钟）	
12:30～13:00				
13:00～13:30	起床→喝奶→玩			
13:30～14:00				
14:00～14:30				
14:30～15:00		洗澡→喝奶&点心	起床→喝奶／点心→阅读（15～30分钟）→玩	
15:00～15:30		睡觉（120±分钟）		
15:30～16:00	洗澡→喝奶			
16:00～16:30	睡觉（120±分钟）		室内运动（15分钟）→洗澡→玩（非激烈）	回家
16:30～17:00				运动（15～30分钟）→洗澡→学与玩
17:00～17:30		起床→玩		
17:30～18:00	起床→喝奶→玩			
18:00～18:30		晚餐（20～30分钟）	晚餐（20～30分钟）	晚餐（20～30分钟）
18:30～19:00		玩	玩	学或玩
19:00～19:30				
19:30～20:00	喝奶→洗漱	睡前阅读→喝奶→洗漱	洗漱→睡前阅读	洗漱→睡前阅读
20:00～20:30	睡觉（8～10小时）			
20:30～05:00		睡觉（10小时）	睡觉（10小时）	睡觉（10小时）

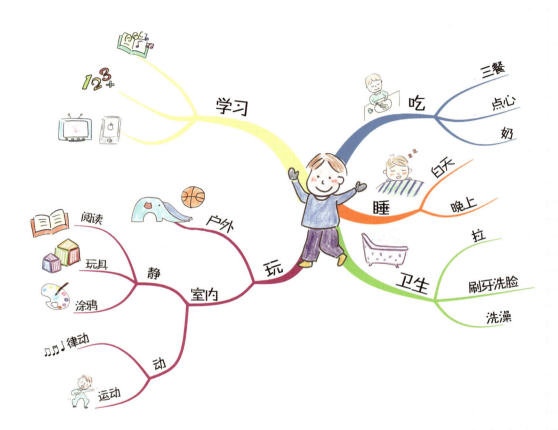

单元 7

给 2 ~ 3 岁孩子

2 岁孩子的特质

在传说中可怕的 2 岁（Terrible Two），小朋友进入了人生第一个叛逆期，开始说不、会耍赖，有时会自私霸道、一意孤行！

满足了生存需求后的 2 ~ 3 岁孩子，需要什么？得到大动作、精细动作发展的训练？接受语言启蒙或者智力开发？这些我相信都是重要的，但我认为更重要的是孩子与父母的情感连接：要满足孩子对父母的依恋、满足其归属感的需求。

有效的管教并不意味着断开与孩子的情感连接，充满智慧的互动才是必不可少的！

时间管理训练的重点

这一阶段依然是我们时间管理训练的准备阶段，是"前菜"。面对 2、3 岁的孩子，你以为他懂，但其实他可能根本什么都不懂，而他自己却可能还觉得自己什么都懂。

如果这时候就开始带领孩子做有意识的时间管理训练，用工具、做表格，并不是一点都不可行，但恐怕：第一，教授的难度实在太大，孩子真的太小，明白不了；第二，你以为孩子已经学到、学会了，最后却发现他可能只是依葫芦画瓢而已，知其然都难，更不要说知其所以然了。

尽管孩子只有 2、3 岁，仍旧似懂非懂，但此时的父母已经不必一个人自导自演时间管理的大戏了。虽然理性的训练一时还做不了，但让孩子认识一下工具，通过工具将他感觉到的时间与真实的时间作比较，感知时间长度，体验工具的价值，还是完全可行的。这些绝对是有价值的尝试，它将为真正进入时间管理第一阶段的训练打下良好的感性基础。

刷牙需要3分钟！——感知时间的长度

3 岁时的壹壹

唰唰……唰唰……

"刷好了！"3 岁的壹壹乐呵呵地放好牙刷、擦了擦嘴，正准备从凳子上爬下来，却被爸爸一把抓住："你才刷了几下啊？这样就刷干净了？"

"很干净了呀！"

"时间不够，你觉得刷满3分钟了？"

壹壹瞪大眼睛看着爸爸，拼命点头。

没想到，在学习刷牙的过程里，从未对刷牙有抗拒、刷牙技能掌握得也还不错的壹壹，遇到的最大挑战，竟然是时间问题——他根本不明白3分钟到底是多久……

对于喜欢解决问题的妈妈而言，挑战就是机会，于是，我是这样来解题的！

认同壹壹的感受

"壹壹，刷牙总被批评，是不是不开心？"

"嗯。不开心。"

"嗯，妈妈相信壹壹认真刷牙了。"

壹壹听了直点头，我又继续说："我猜，壹壹是不是不知道3分钟到底有多长？"

壹壹拼命点头！

我们可以怎么办

接着，我把事先准备好的卡通沙漏拿给壹壹，如我所想，他很喜欢！

"壹壹，你刷牙的时候注意看着，沙子全漏下来了，你就可以不刷了。是不是很简单？"

"妈妈，是沙子从上面漏光吗？"

"是的，妈妈会在你旁边提醒你的，好吗？"

"嗯！好的！谢谢妈妈！"

6 岁时的壹壹

转眼，几年过去了，没想到，6 岁的壹壹再次面临刷牙需要 3 分钟的问题。

唰唰……唰唰……

"呸……"壹壹吐完最后一口漱口水，刚准备放下牙刷、水杯，爸爸就喊道："壹壹，时间不够，没刷干净，再刷一遍！"

"我刷干净了呀！"

"时间不够，你觉得刷满 3 分钟了？"

"3 分钟了呀，我刷了很久了呀！"

"胡说，30 秒都没有！重新刷！"

壹壹只好不情不愿地又刷了一遍。

"小时候会的事情，怎么大了反而又不会了！要么你继续给他用沙漏？"爸爸嘟囔了一句。

"我和壹壹聊聊吧！"

认同壹壹的感受

"壹壹，又被批评刷牙没刷干净，是不是不开心？"

"嗯。我明明刷干净了！"

"你觉得刷了 3 分钟吗？"

"我……我想应该差不多吧！"壹壹想了想，继续又说，"我觉得我刷得挺久了……"

"嗯，听上去，你似乎也不是很确定 3 分钟是不是到了！"

壹壹不好意思地点了点头。

"壹壹，你觉得 3 分钟到底有多长？"

壹壹听了直摇头。

感知时间长度

"我们来做个游戏吧！"

"好呀好呀！"壹壹一听两眼放光！

我拿出一个电子计时器，告诉壹壹："我们来感受一下1分钟有多长吧！壹壹闭上眼睛，我开始调计时器，听到滴滴滴的声音时，就是1分钟时间到了！准备好了吗？"

"嗯，准备好了！"壹壹闭上眼睛，计时器开始计时。

10秒、20秒、30秒……"妈妈，1分钟到了吗？"壹壹开始不停地问，"还有多久啊？""还没到吗？"

终于……计时器响了！早就已经睁开眼睛的壹壹大喊："那么久啊！！"

"壹壹，现在去拿本你最喜欢的书来，妈妈给你念！"小书虫壹壹乐呵呵地去拿了本书。

"壹壹，按一下计时器，然后我们开始讲故事！"

"滴滴滴……"正听到兴头上的壹壹大叫："啊？那么快！我还要听！"

"嗯嗯，没关系，我们把这个故事讲完！"

我们可以怎么办

故事讲完，我问壹壹："壹壹，怎么样？你现在觉得1分钟是长、还是短？"

"嗯……短！嗯……不对，是长……可是……"壹壹拿起计时器看了又看，很是疑惑，"怎么一会儿长、一会儿短的啊？"

"嗯，好问题，是不是很有意思？"

"妈妈，你快说说，怎么回事？"

"壹壹做自己喜欢的事情，是不是觉得时间很短？"壹壹点了点头。

"可是，闭着眼睛等1分钟的时候，是不是觉得时间很长？"壹壹又点了点头。

"等你再大一些，我们一起研究一下爱因斯坦的相对论吧！"

"相对论？什么东西？"

"哈哈，是个很有意思的东西！等你大一点，我们一起研究。"我赶紧把话题扯回来："壹壹，现在你是不是相信，有时候感觉不一定会很准？"壹壹拼命点头。

"那壹壹感觉自己刷牙刷了3分钟，准不准？"

"嗯……可能不太准。"壹壹看了看我，又说："有了！妈妈，你在洗手间里放个钟吧？我看着钟就知道时间够不够了！"

"你觉得用计时器会不会更方便一些？"

壹壹想了想说："不要了，就给我个电子钟就行了！我会看时间的！"

时间管理的价值

时间不只是钟表盘上的几点几分，更重要的是它有长度，会带来约束、限制，而一个人对这些约束、限制是否有足够的意识，也是判断他是否有时间观念的重要标准。我们要在孩子还很年幼的时候，在他们心里埋下一颗重要的关于时间管理的种子。

在孩子学习时间管理的过程中，孩子第一次正式面对"时间"这样东西。感知时间的长度，是具有重要意义的第一步。孩子也将接触计时工具，并且学习使用计时器帮助自己更精准地掌握时间长度，这能为他们未来成为一个有时间观念的人打下重要的基础。

如何分析

→ 第一步：发现问题

当孩子总是不能达到"规定时间"的要求，比如刷牙要刷 3 分钟、吃饭必须在 30 分钟内吃完、睡觉前可以听 20 分钟故事等，我们首先要搞清楚孩子是由于什么原因不能达到要求——是不理解还是不愿意。在确认孩子已经掌握执行规则的技能的前提下，问题的焦点显然就是——如何帮助孩子理解"时间长度"。

→ 第二步：确认目标

让孩子掌握控制时间长度的方法是否就是我们的目的？让孩子不依赖于父母，自律地控制自己的行为（比如不需要提醒刷牙要刷满 3 分钟）才是我们重要的目的，训练孩子掌握控制时间长度的方法则是实现这一目的的重要过程，是一个阶段性的目标。

如何实施

→ 第一步：选择一款合适的计时工具

在一个 2、3 岁孩子的眼里，工具更像是玩具，教他们使用工具，是让他们有一种全新的体验。要吸引孩子，计时工具就要可爱、有趣，所以能使用儿童专用的计时器，就千万不要选择使用成人计时器。

如今市售的计时器已经相当丰富了，有趣、多样且具有针对性，选择余地还是相当大的。

→ 第二步：帮助孩子发现问题

要与孩子沟通，确认孩子对掌握时间长度是否存在困难，同时帮助孩子意识到，他没有达到"要求"，其实是因为他没有掌握正确的方法。这就为使用工具打下伏笔。

上文中讲了壹壹两个年龄段的故事。孩子的年龄状态不同，他的认知水平和自我意识都是相差很大的。可以看到，在帮助孩子发现问题的过程中，越是大龄的孩子，引导的过程可能就越复杂一些，他自己想明白了，心悦诚服地认可问题，才有可能愿意参与解决问题。

→ 第三步：与孩子达成使用工具的共识，并教会他们使用

家长可以向孩子介绍可以帮助他掌握时间长度的好帮手——计时器，并教会孩子使用的方法。

仍然回到上文的互动故事中：2、3 岁的孩子其实对工具没有概念，所以给他们沙漏是非常直观、有效的；而对于大孩子，因为他对工具已经有一定的认知和熟悉度，所以哪怕我们认为他对工具的选择并不是最好的，也不必干涉，尤其不必非要扭转他的想法来让他接纳我们的"建议"。对孩子有用的工具就是好工具，不用在乎是 80 分的工具还是 90 分的工具。

→ 第四步：监督孩子执行

可以带着孩子执行 3～5 次，确保孩子已经会正确使用工具帮助他实现想要的结果，然后监督孩子执行，必要时仍然给予提醒："计时器提醒你时间到了吗？"

为什么壹壹 3 岁时明明已经知道使用工具来帮助自己知道 3 分钟是多长，而到了 6 岁，他的行为却没有定型呢？因为是孩子嘛，和 3 岁相比，6 岁的孩子小心思也多了，对自己生活的控制力也大了，"走形"是难免的，只要他愿意改善，家长继续给予他支持，就 OK 了！

Q&A

1. 孩子不肯使用计时器，怎么办?

首先，要确认的是：父母自己是否认同需要使用计时器帮助孩子更精确地掌握时间长度。如果父母自己也怀疑"这有必要吗?"或者只是将其作为一种控制孩子的好方法，那么我想，如果我是孩子，我会很快觉察出父母的心思，并说："我不需要使用!"

其次，在使用计时器之前，是否征求过孩子的意见，并且得到孩子的认同? 一个强加给孩子的工具，孩子会真心接受吗?

最后，让孩子体验到使用工具所带来的好处——他按计时器的提示做完事情后，父母是否再也不对他唠叨，相反还给予他鼓励与肯定?

2. 孩子新鲜劲过了以后就不再愿意使用计时器，怎么办?

如果和孩子已经有过明确的约定，那么就一定要让孩子知道，你不是和他随便说说的，而是要帮助他一起执行。

对于年龄小的孩子，如果他使用过一段时间计时器后又不愿意用了，你可以在孩子表示自己刷好牙以后，拿过他的牙刷，继续帮他刷，直到计时器提示时间到。

对于年龄稍大的孩子，你可以和他再做一次沟通，了解他不想使用计时器的原因，无论他说什么原因，首先要尊重他的感受、表达你的理解（请注意，理解不代表认同）。然后你可以找一些真实的资料（图片或者影像都可以，不建议是卡通画或者动画片，一定要真实），让孩子看到不认真刷牙可能出现的后果——比如被完全蛀掉的门牙、咧嘴笑时只有黑乎乎的牙齿。孩子不喜欢听到大人口里"狼来了"一样的说教，请相信他们具有足够的判断力，当他们看到真实的后果，他们才能更理解为什么要认真刷牙 3 分钟。最后你可以和孩子重新做出约定，并且告诉孩子，你可以帮忙提醒他，或者让他在需要帮助的时候随时告诉你。

3. 计时器需要使用多久?

从阶段性看，当孩子停止使用计时器也能正确做完某事时，就可以停用计时器。从长期来看，在孩子不同的成长阶段，计时器都能发挥重要的主动提醒作用。

单元 8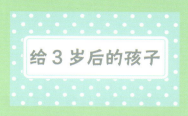

给 3 岁后的孩子

3 岁孩子的特质

过了最难养育的 1 岁、最难教养的 2 岁，我们终于迎来了孩子"最美妙"的 3 岁。

3 岁的孩子可爱而又乖巧，充满合作精神，但也会因为缺乏安全感，表现出对母亲强烈的依赖；他们开始喜欢按周详的计划解决问题。不要总试图用权威去控制孩子、迫使孩子屈服，这时候的孩子多数是吃软不吃硬的，惩罚解决不了问题。

时间管理训练的重点

从 0 岁铺垫至今，是时候开始正式带领孩子动起来了！3 岁，是我建议的可以开始做正式时间管理训练的最早年龄——他已经开始有了一些自己独立的意识，并且在行为处事上开始发出尝试的信号——他开始有强烈的秩序感以及喜欢用周详的计划解决问题。工具就是最好的"周详的计划"，当孩子可以提前"看到"（知道）他采取行动后会得到怎样的结果，也许他心里会觉得更有保障。

儿童时间管理训练的第一阶段是任务清单阶段，训练的重点是：孩子提前知晓要做的事情是什么、他可以如何完成这些事情、工具将如何提示他完成进展或结果。要通过训练，让孩子慢慢感受到，他可以决定并安排自己的生活。

在这个阶段，父母会主导整个项目的选择与决策，孩子对决策、目标的理解恐怕会有很大的困难，因此我们对孩子唯一的要求就是在做了要执行项目的约定后，确保其认真地执行！

今天，看书了吗？——"爱吃糖的娃娃"阅读清单（To Do List 1.0）

"妈妈……猜猜！"16个月的妮妮拿着她喜欢的纸板书《猜猜我是谁》，硬从我和壹壹中间挤出一条路，准备要我念书。

"妹妹，哥哥还在听故事。你排队！"

妮妮一脸茫然，一心想把书往我手上塞："妈妈……猜猜！"

我只能对妹妹说："妮妮等一下哦，妈妈把哥哥的故事讲完，就轮到你，你坐在妈妈旁边等等吧！"幸好哥哥的故事很快讲完了，妹妹在发脾气前，乐呵呵地听到了故事。

然后，哥哥又挑了本新的书，放在一边，"妈妈，妹妹这本讲完就到我了！"

再然后，妹妹看着好玩，有样学样，也再挑了本书，放在旁边排队！

我看了看这一大一小两个书虫，给一个读着故事，然后望着下一个正排队候着，循环往复、循环往复……我的内心啊，又是喜悦……又是崩溃！

遥想数年前，下班回到家，匆忙吃了口饭，就被壹壹抓去讲故事，一讲就是一个半小时……而我上班时已经讲了一天话，真的心累！于是，当年那个时候，我对壹壹使用了第一个比较正式的时间管理工具。

尊重孩子的需求

"壹壹最喜欢听妈妈讲故事了，是不是？"

壹壹点点头。

"妈妈也很喜欢给壹壹讲故事！"壹壹听了对着我傻笑。

"壹壹一天没有看到妈妈，很想妈妈了，是不是？"

壹壹又点点头。

"妈妈也很想壹壹呢！"我顿了顿继续说，"壹壹喜欢听妈妈讲好多好多故事，更喜欢妈妈一直陪着壹壹，对吗？"

壹壹又使劲儿点头，挨着我坐得又更近了些。

尊重自己的需求

"外婆有没有教过壹壹这首歌:'我的好妈妈,下班回到家……'"

壹壹听了马上接口唱,我合着壹壹的歌声给他打节拍,等他唱完。

"壹壹觉得妈妈上了一天班,回到家辛不辛苦呢?"

"辛苦!"

"妈妈上班要讲好多好多话,到家喉咙也会想休息,如果每天回家都要讲一个多小时的故事,妈妈的喉咙就会在那里喊:'喂,壹壹妈妈,能让我休息休息吗?'"

"哇,我也想听!"壹壹惊奇地瞪大眼睛。

"你听不见的哦,妈妈的喉咙说话,只有妈妈自己听得见。"

"哦,好吧。"壹壹有点失望。

"所以,妈妈想和壹壹一起想想,壹壹想听故事、妈妈的喉咙想休息,我们可以怎么办,好吗?"

"好呀,可是,怎么办呢?"

我们可以怎么办

于是,我拿出事先准备好的道具——"爱吃糖的娃娃"阅读清单。

我告诉壹壹,当他打算听故事了,就去取一个"糖罐",交给妈妈、外婆或者其他会给他讲故事的大人,他们会拿好和"糖罐"同样颜色的"糖果",每次壹壹听完一个故事,就奖励 1 颗糖果给"大嘴娃娃",将"糖果"放到"糖罐"里。

壹壹可以自己决定每次给娃娃吃几颗"糖果",但是 1 个"糖罐"最多只能放 10 颗"糖果",多吃糖不行,因为"大嘴娃娃"会蛀牙的!

"那,我可以每次给娃娃吃 3 颗糖吗?"

"可以,而且壹壹每天最多可以给娃娃吃三个糖罐的糖果哦!现在来试试给娃娃喂糖吧!"

壹壹乐呵呵地试了一下:"太好玩了!"

我顺势和壹壹约定从明天就正式开始玩这个"玩具"。

后执行时代

壹壹会不会把所有的糖罐都留给晚上回家后的我？实践证明，还真不会！因为他绝对忍不住白天不听故事！当然，外婆也一定会满足他的要求给他讲故事。

关于数量限定，壹壹会赖皮吗？当然会！我又怎么做呢？我告诉壹壹，今日份的"糖"虽然已经吃完了，但是妈妈愿意给壹壹多讲一个故事，壹壹通常会欣然接受这个提议。

爱读书是好事，绝对不能打击孩子的积极性，但也得适度。看来，当年给壹壹用的道具，很快也要给妹妹用上了！

时间管理的价值

虽然任务清单（To Do List）的确是一个正式的时间管理工具，但3岁孩子不会把它和时间管理产生联系（当然，对于低龄的孩子我们也没必要让他理解这是在学习时间管理）。任务清单最重要的价值是帮助孩子了解到事情可以被分为"打算做"和"已经做"，他可以自己安排好自己的生活，把"打算做"的事情都能按时变成"已经做"的事情。

如何分析

→ 第一步：发现问题

当孩子的需求被成年人或者情境限制时，怎么办？在上文的故事里，是孩子不断"加码"全天的阅读需求，类似的情况还有很多，比如睡觉前，讲完了一个故事，又加一个、再加一个；又或者是玩游戏，无论玩了多少回，都要求再加一回合。

这种情形下，出现了时间管理中两个很关键的因素——时间和事件，而孩子对于有限的时间里只能做有限数量的事件是没有概念的。

→ 第二步：确认目标

在"刷牙需要 3 分钟！——感知时间的长度"中，我们第一次让孩子对"时间是有长度的"产生了感性的认知，那么这次我们要做的就是让孩子对一定时间长度里可以做的事件数量产生认知。

比如：每天（从起床到睡觉），孩子可以有 3 次听故事的时间，每次可以听不超过 10 个故事，而这 3 次听故事会在什么时候发生则完全交给孩子来决定。

如何实施

→ 第一步：理解孩子，并得到孩子的理解

孩子喜欢阅读并且喜欢爸爸妈妈的陪伴是天经地义的，所以首先一定要理解孩子！

但同时，也应该与孩子沟通，让他们知道你的感受和你的需求：爸爸妈妈也很喜欢给他们讲故事，但是如果讲得时间太长，爸爸妈妈也会觉得累，更重要的是影响宝贝休息、影响宝贝长高长大。

然后，询问孩子是否愿意一起想一个办法。

请记住，一个没有得到孩子认同的办法，在孩子眼里就是强加给他们的，即使他们看上去答应了，但内心未必认同。

→ 第二步：试着转移孩子的注意力

对于年龄小的孩子，讲道理是没什么用的，他们根本不明白你在讲什么。当然，其实无论是对孩子还是成年人而言，说教常常并没有实际的用处。

所以和小小孩在需求、同理心以及解决方法上进行沟通时，不必太较真，不要死抠着"道理"不放，可以选择一种有趣的道具（或者方法、体验等），把孩子的注意力从"我就是想爸爸妈妈给我讲很多故事"转移出来，当孩子已经急不可待地想去研究如何使用有趣的工具时，我们的沟通话题也就可以自然过渡了。

→ 第三步：选择一款适合孩子的清单工具

给孩子使用的工具一定要有趣、一定要带来好的体验！这是必须要强调的！如果市面上并没有现成的真正适合你孩子的有趣工具，不妨考虑自制。

在上文的故事中，壹壹当时的年龄比较小，所以我并没有使用与事件对应的具象元素，因为那样可能就不那么有趣了。我使用"吃糖娃娃 + 糖果"来代替"To Do"和"Done"，既有趣，又方便孩子理解并执行。

→ 第四步：教会孩子使用

确定了工具后，一定要和孩子说明工具中的所有内容分别是什么，解释清楚如何使用。要带着孩子用几次，甚至用几天，确保孩子已经理解你的意思并且可以正确使用工具，否则再好的工具也无法发挥应有的作用。

→ 第五步：监督孩子执行

正式开始使用工具后，家长一定要监督孩子执行，在必要时给予提醒："看一下我们的约定是怎么说的吧。"

1. 爱听故事是好事，为什么要限制？

如果父母允许孩子"只要孩子想听故事，就可以不准时睡觉、吃饭"，"只要孩子想听故事，就可以放下一切事情，全心陪伴孩子"，那么就不要限制了吧！

亲子阅读，是培养孩子养成阅读习惯，而不是鼓励孩子因此破坏应有的生活习惯。有自由，不代表没有界限，这个世界上也不存在没有任何限制的自由，自由本来就是相对的！

任何事情都是有两面性的，关键是要把握好那个度，超越了度，即便是好事情也可能会变味道。

2. 孩子用完了所有听故事的时间，耍赖想要继续听怎么办？

理解孩子想听故事的心情，是非常重要的。所以，约定本身不应该设置得过于严苛或者"抠门"。

但是，应该让孩子知道，你们所作的约定不是说着玩的，也是非常重要的！

如果一个得到了孩子确认的约定都不会被认真执行，那么以后再有任何约定，恐怕都很难被执行了。你可以提醒孩子注意你们的约定，如果孩子确实年龄小，还是建议使用一些转移注意力的方法，或者是游戏的方法，让孩子接受不再过多地讲故事，而不是命令他"该做什么"。

 3. 孩子一定要把所有的陪伴时间都留到妈妈回来才用，怎么办？

虽然孩子往往喜欢妈妈陪伴，但若白天妈妈不在家，孩子也有正常的娱乐需求，其他照料人可以用轻松、有趣的方式吸引孩子来听故事，我想，大部分孩子是不会拒绝的。

如果有些孩子确实真的非常敏感并且一定要在妈妈的陪伴下才愿意听故事，或许妈妈还需要想想是否真的存在比较严重的陪伴不足的问题，可能会需要找到更多其他的方法来配合解决这个问题。

自制你的工具

→ **"爱吃糖的娃娃"阅读清单**

● **制作材料**

- 软磁铁1（大片）：印上大嘴娃娃的图案。
- 软磁铁2（可移动的异形小片）：分别做成3个糖果罐的样式，贴在大嘴娃娃的旁边。
- 软磁铁3（可移动的异形小片）：分别做成30颗三色的糖果，贴在大片磁铁的下半部空白处（如果觉得30颗糖果数量比较多，也可以只做10颗，计数时用减法，但是这样一来，孩子的感受未必好。自制道具就是为了让孩子更有兴趣使用，不是吗？）

固定底板
（To Do／待完成）

活动标识
（Done／实际完成）

使用前

使用后

● 使用说明

- 每个糖果罐代表一次听故事的安排，也就是说，每天最多可以听 3 次故事；而糖果代表每次可以听的故事数量，即每一次听故事最多可以听 10 个。

- 孩子每次决定听故事时，就可以取下 1 个空的糖果罐给讲故事的家长，家长则把同色的糖果取下备用，不需要孩子去计算，大人每讲完一个故事，就在糖罐里贴一颗糖果，完成计数。

- 是不是每天都要给足娃娃 3 次吃糖的机会，是不是每次都要让娃娃吃到 10 颗糖，都由孩子自己决定，但是每一次都最多只能吃 10 颗糖，每天最多只能吃 3 次，这是约定。

- 以上规则，每个家庭都可以根据实际情况做出改变，比如每天可以听 5 次、每次可以听 5 个，怎么做觉得合适，就怎么来设定规则。

延伸思考

 1. 这套工具还可以怎么用？

这套工具几乎可以用来约定任何事情，但使用时，最好一开始先指向同一件事情。当我们想用这套工具来管理多种不同的事情时，工具里的元素也必须是多种类的，方便孩子辨识，并且是具象化的，方便孩子快速地找到对应关系。

对于学龄前的儿童，无论几岁，如果是初次接触这类工具，父母最好都让工具从单一逐渐过渡到多样化，循序渐进，逐渐增加难度。

 2. 还有什么有趣的道具元素可以使用？

只要是孩子喜欢的、熟悉的、乐于接受的，父母都可以尝试使用，举几个例子抛砖引玉：

● "打扮公主"主题

适用于女孩，用朴素的公主代表 Done，用皇冠、小包等饰物代表 To Do 事件。

● "机器人"主题

适用于男孩，用缺零件的机器人代表 Done，用天线、眼镜等零件代表 To Do 事件。

● "动物园"主题

男女通用，用空荡荡的动物园代表 Done，用老虎、狮子、大象等动物代表 To Do 事件。

● 绘本主题——如《好饿的毛毛虫》

用毛毛虫的脑袋代表 Done，用各种颜色的身体（分成一节一节）代表 To Do 事件。

用毛毛虫代表 Done，用毛毛虫吃的食物代表 To Do 事件。

孩子可能都是"喜新厌旧"的，父母不断地从绘本中汲取灵感来自制道具是一个非常好的选择！

有限的屏幕时间——隐形的任务清单（To Do List 2.0）

狼来了

无论是 iPhone 还是 iPad，对孩子而言，小手一摸、一滑，好看、好玩的东西接踵而来，易操作、太有趣，吸引力当然是非常非常大的！

壹壹也不例外，他也爱这些让无数父母闻之色变的"好东西"！

我从未想把孩子置身于一个不真实的"真空环境"，电视、电子产品很难从孩子的生活中被彻底隔绝。与其堵不如疏，建立一个规则底线、引导孩子愿意遵守规则，这是我的看法。

尊重孩子的需求

"壹壹是不是觉得 iPad 很好玩？很喜欢玩？"壹壹点点头。

"妈妈也觉得挺好玩的！"

"所以妈妈也会玩。"壹壹贼兮兮地朝我边笑边说。

引导孩子深层的需求

"如果妈妈不玩手机，而是陪壹壹玩乐高，壹壹会觉得开心呢，还是不开心？"

"当然开心咯！"

"妈妈看到壹壹在玩 iPad 的时候也在想，如果壹壹可以和妈妈一起玩小萌长（一款由 HABA 出品的儿童记忆力桌游）就好了！"

"哇，妈妈，我最喜欢玩小萌长了！"

"壹壹，和妈妈玩有意思，还是和 iPad 玩有意思？"

"嗯……我都喜欢的……"壹壹一副很为难的样子。

得到孩子的理解

"壹壹，每次看完 iPad，我总是看到你在眨眼睛，你眼睛怎么啦？"

"嗯……不舒服。"

"iPad 会发出一种特别的光——名叫蓝光，这种光会让眼睛不舒服。"

"啊？真的吗？"

"眼睛如果经常这样不舒服，壹壹长大以后就要像妈妈这样戴眼镜了！"

壹壹看了看我，突然笑起来："妈妈，原来你也不听话！你小时候也一直玩 iPad！"

"哈哈，妈妈小时候没那么高级的玩具，不过，妈妈小时候确实没有保护好自己的眼睛，但妈妈特别想帮壹壹保护好壹壹的眼睛。"

我停了停，继续说："所以妈妈经常会不让壹壹玩很久 iPad，怕蓝光会伤害壹壹的眼睛。"

壹壹听着，慢慢严肃了起来。

我们可以怎么办

"妈妈，那怎么办啊？"

"壹壹想玩 iPad，但也不想眼睛坏掉，对吧？"

"嗯嗯！"

"如果壹壹把玩 iPad 的时间留一些出来，陪妈妈一起玩，壹壹愿不愿意呢？"

"愿意啊！"

"妈妈想到一个办法，壹壹要不要听听？"壹壹点头。

"妈妈想，壹壹还是可以玩 iPad 的。"

"啊？真哒？"壹壹听了十分开心。

"当然是真的！每个礼拜六、礼拜天，就是爸爸妈妈不上班的那两天，壹壹可以玩 iPad。"

壹壹听说可以继续玩 iPad，一副好商量的样子。

"不过，妈妈希望壹壹可以陪妈妈多玩点时间，所以壹壹在礼拜六、礼拜天，每天可以玩 1 次 iPad，每次可以玩 20 分钟。壹壹觉得可以吗？"

我原以为壹壹还会讨价还价，没想到，他立马答应了。孩子毕竟还小，心性单纯，又不像"麻烦的 2 岁"时那般叛逆，这时候的确是让他建立自律的生活习惯的好时机！

后执行时代

在和壹壹执行这个约定的过程中，我十分惊喜地发现——没有阻力！这让我很意外，也让很多人觉得不可思议。

壹壹无比珍惜只在双休日可以玩 iPad 的机会，唯一的插曲就是：每次在壹壹拼命认真玩 iPad 的时候，他的身边都会有一个发条型计时器在那里发出"哒哒哒哒"的声音，当我试图和壹壹说句话时，壹壹总会非常着急地问我："妈妈，时间到了吗？""妈妈，别说话，时间快到了！"

当"嘀铃铃铃"的声音响起，我会对壹壹说"时间到了！"，然后把手伸向壹壹。"妈妈，马上就好！"壹壹总会匆匆忙忙地把正在玩的游戏结束掉，虽然依依不舍，却主动把 iPad 交给我。

再然后……就是我们母子俩的欢乐游戏时间啦！

时间管理的价值

这是孩子第二次接触任务清单，但实际上孩子并没有看到清单，因为这张清单是隐形的，只存在于我们的口头约定里。

我们强调的是 2 个重要的、限制性的元素：

● 一周只能玩 2 次 iPad，时间是在双休日

● 每次只能玩 20 分钟

同时，用计时器帮助孩子知晓时间的长度，这一点和"刷牙需要 3 分钟！——感知时间的长度"是同样的，只是时间变长了！

如何分析

在这张"清单"的使用上，事件和时间两个元素开始共同发挥作用了，因此我们要分别对两个元素作目标上的确认。

→ 第一步：确认核心事件

"玩 iPad"和"有限度地玩 iPad"是两件不同的事情，因此我们要确认的是，"有限度地玩 iPad"是这次时间管理的核心事件。在其他有关"使用 / 玩乐"的事件上，也请注意"有限度"是我们真正想要解决的核心问题。

→ 第二步：确认时间目标

既然是有限度，那么就要确认限度是怎样的。时间目标包括频率以及时间长度、时间钟点这三个维度。在"有限的屏幕时间"的这项管理上，我们暂时选定对频率及时间长度做出规定——每周 2 次，每次 20 分钟，并且只能在双休日。

如何实施

→ 第一步：理解孩子，并得到孩子的理解

玩具、电子产品对孩子的吸引力，我们无法否认，也无需回避。连成年人自己都抗拒不了，何况孩子。但是，孩子也应该理解：父母希望他们有限度地使用电子产品，是因为害怕他们受到伤害。

当彼此都能坦诚地面对彼此的需求，才是做好沟通的基础。

→ 第二步：引导孩子找到内心真正的需求

无论玩具、电子产品多有吸引力，在一个健康的亲子关系中，孩子对父母陪伴玩乐的需求才是真正永恒的。或许当电子产品被拿走的那一刻，孩子会哭闹，但是父母如果能找到孩子真正喜欢的事情，并且乐于全心地陪伴他一起做，那么请相信，你的陪伴才是孩子内心真正的渴望！你才是对孩子吸引力最大的存在！

→ 第三步：让孩子习惯与工具打交道

这是第二次用到计时器，孩子也在"爱吃糖的娃娃"项目中体验过"隐形的任务清单"的限制作用，这一次使用的则是两者结合的升级版。

让孩子习惯于使用工具来实现时间管理的目标，不仅有助于减少我们与孩子之间互动的冲突，更重要的是，可以真正帮助孩子实现自我管理。

→ 第四步：监督孩子执行

确认孩子知晓如何正确使用工具并且开始正式使用工具后，家长的责任就是严格地贯彻约定，并且监督孩子执行。"有限的屏幕时间"是一个极其容易产生冲突甚至对抗的事件，家长执行的坚定程度将会决定工具的有效程度，当孩子拒绝执行的时候，请一定要提醒孩子："我们是如何约定的？""20分钟已经到了！"……

1. 既然 iPad、电视容易使孩子沉迷，不让他接触就好了，何必搞得那么复杂?

生活中，我的确遇到过严格执行"3 岁前，不让孩子看电视"的父母，甚至遇到过 5 岁都没看过任何电视节目的孩子。但是我想，大部分家庭是做不到这样的。既然，孩子一定会接触到这些，逃无可逃，我们只能去面对问题、解决问题。

习惯的养成，越早越好，当孩子还比较小的时候，即使会有冲突或者对抗，激烈的程度也会比较有限。我相信这些"屏幕时间"的矛盾一定会在孩子的某个成长阶段出现，与其等到孩子很大时，有自己模模糊糊的价值观和行为习惯了，再去解决这些复杂的难题，还不如在孩子小的时候，就给予正确的引导——既满足需求，又能让其自律。

2. 时间到了，孩子却大哭大闹不愿意放下 iPad，孩子反悔了，怎么办?

坚定地执行约定，是你必须要做的! 当你对一个与孩子共同制定的约定妥协时，那么孩子或许会错误地认为，你说的都只是玩笑话，不必太当真。

孩子伤心了，请你理解，并真心接纳孩子的情绪;同时，对年龄小的孩子还是要用一些柔和的方式来做进一步的处理，比如和他做游戏或者进行其他的替代活动，尽快转移孩子的注意力。

如果发现孩子确实对 iPad 有着很强烈的依赖，在必要的情境下，请将电子产品尽可能地清理出孩子的视线范围，做出适当的阻隔干预，并且保持一段时间。

宝宝每天要做什么？——"我的一天"生活清单（To Do List 3.0）

第一次"独立"

3岁的夏天过去后，所有的孩子都会第一次真正直面"独立"——离开熟悉的家和照料人，去幼儿园生活、学习。这会是一次重大的挑战，对孩子、对父母皆是。

壹壹出生在11月，所以进入幼儿园时，会是月龄比较大的孩子。大月龄的孩子意味着可能会有更好的心智成熟度、更好的能力去应对一个截然不同的人际环境与生活方式。话虽如此，我却更愿意相信一个"被训练过"的孩子，才更有可能适应幼儿园。壹壹从小的生活是有规律的，所以，"训练"的重点，是把无意识变为有意识，我希望让他看见自己的生活，并且尝试亲手安排自己的生活。

看见自己的生活

"妈妈去上班的时候，壹壹每天在家都会做些什么呀？"

"玩玩具、听故事、吃饭。"

"还有吗？"

"有时候，外婆会带我去滑滑梯，不过下雨就不能去了。"

"还有吗？"

"哦！还有睡午觉，我最不喜欢睡午觉了！"

壹壹细细碎碎地说着自己每天在家的生活，却常常想不起来自己到底做过什么。

"妈妈知道，妈妈不在家的时候，壹壹会吃三顿饭、会听几次故事、会睡一次午觉、会洗澡，天气好的时候会出去玩一次滑滑梯。对不对？"

"咦？妈妈，你都知道呀？你看见的吗？"

安排自己的生活

"壹壹，妈妈也让你可以看到自己每天都做了些什么，好不好？"我拿出事先准备好的"我的一天"生活清单。

壹壹一看，一如既往地兴奋、好奇："妈妈、妈妈，这个睡觉的小人是我吗？这是我的调羹叉子，这个是滑滑梯！这个要怎么玩？"

"壹壹真聪明，这是午睡的壹壹，壹壹睡醒了，就把这块贴纸贴到板上；这 3 个饭碗代表壹壹吃早饭、中饭和晚饭，壹壹吃完饭了，就把饭碗贴纸放到板上去。每天壹壹都需要把这块不好看的板变成彩色的，好不好？"

"好呀"

"我会请外婆提醒壹壹做事情的时间，壹壹觉得可以吗？"

"可以可！好有趣，我要玩！"

是啦，这就是我的儿子，一如既往的最佳捧场王！

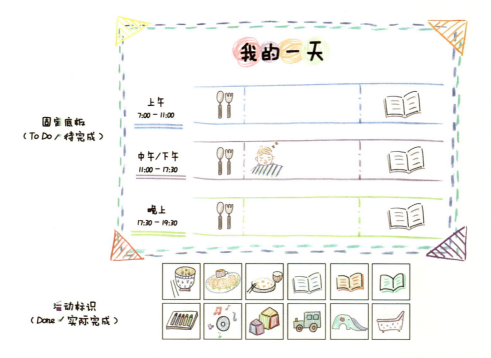

备注：E 程表里的标识并非面面俱到地罗列孩子的全部生活内容，但应该包括他的大部分有规律作息中的内容，包括：一日三餐、听故事、午睡、洗澡、韵律活动、涂鸦、玩玩具、户外活动等，方便他对自己主要的生活内容做出管理。

时间管理的价值

这份 3.0 版的任务清单，相较此前的任务清单，最大的变化是：多任务，并且包含了时间及顺序提示。但孩子毕竟只有 3 岁，所以对顺序（规律）不必做强化，只要提示他去执行、感受，这样做会为下一个阶段的规律训练打下很好的感性认知基础。

如何分析

→ 第一步：确认核心事件

这个时间管理训练的目的是为孩子之后的入园做好准备，因此核心是要将家庭的主要作息、玩乐事件与未来入园后的主要作息、玩乐事件做好衔接与关联，让孩子有序地生活。

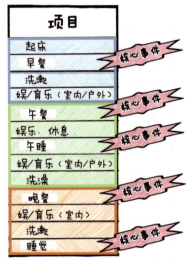

项目
起床
早餐
洗漱
娱/育乐（室内/户外）
午餐
娱乐·休息
午睡
娱/育乐（室内/户外）
洗澡
晚餐
娱/育乐（室内）
洗漱
睡觉

时间点	项目	时长
	起床	
8:00前	早餐	30分钟
	洗漱	
	娱/育乐（室内/户外）	
11:00	午餐	30分钟
	娱乐·休息	
12:30-14:30	午睡	120分钟
	娱/育乐（室内/户外）	
	洗澡	
17:30	晚餐	30分钟
	娱/育乐（室内）	
	洗漱	
20:30	睡觉	

→ 第二步：匹配事件与时间

这里的时间目标（包括时间钟点和时间长度）是给孩子的主要照顾人的，其实难度并不高，只需按照孩子的生物钟执行，让孩子乐于参与即可。

如何实施

这份清单体现了基于前两版清单内容的水到渠成的升级训练，所以操作的难度并不大，只是切记不要心急，让孩子的任务有趣味、可操作，是孩子愿意参与的重要因素。

同时，这份清单还可视作承前启后的重要工具，是接下去逐渐让孩子参与时间管理训练的决策、学习各项时间管理元素组合使用的基础。

→ 第一步：引导孩子乐于执行

此前的任务清单已经以不同的"面貌"出现在孩子的面前，因此孩子对于使用工具并不陌生，认知和操作起来难度也不大。但也因为不是第一次使用任务清单，所以如何保证工具的新鲜与有趣，是引导孩子乐于执行的重点。

随着孩子年龄增加，工具的形态会逐渐具象、写实，这会让孩子将工具上的标识与生活建立关联；同时，孩子会意识或者感觉到任务正在逐渐变得复杂，这反而会让孩子对执行任务更加跃跃欲试。

→ 第二步：主要照料人做好时间控制

要一个 3 岁的孩子，自己管理自己、完成任务，还要识别时间钟点准时执行，又要发现事情与事情之间的顺序规律，这是不切实际的！

让孩子参与这项本也不算简单的训练项目之间，首先要明确，目的是让孩子学习如何管理自己的生活，而不是要让问题变得复杂、困难以致他们拒绝参与。

所以，帮助孩子执行这个清单时，时间钟点和时间长度的控制交给主要照料人来执行，为孩子降低了执行的难度，执行的可行性也就提高了。

→ 第三步：尝试用不同的方式来提示事件与事件的转换

由于孩子并不认识钟表，所以到了做某件事情的时间，需要由主要照料人进行提示。

● "宝贝，吃饭的时间到了"是一种提示的方式。

- 使用小铃铛，到时间了摇一摇，也是一种提示的方式。
- 播放特定的音乐代表要做某些事情，也是一种提示的方式。

尝试各种不同的提示方式，会让孩子觉得执行的过程更有趣。

→ 第四步：监督孩子执行

如果这确实已经是孩子一步一步走过来后的 3.0 版任务清单，那么孩子执行的意愿和难度是可以控制的。在这个阶段，我们对孩子的执行监督，可以放在鼓励上！

当孩子愿意有效地执行时、当孩子表达执行的喜悦时、当孩子得意于任务被自己有效执行时，给予孩子热烈的回应——"宝贝儿，做得真好！"

当孩子忘记了或是懈怠了，甚至是厌倦执行的时候，试试给予孩子正面的回应——"宝贝儿，加油，我相信你能做到的，有什么可以帮你的吗？"

主要照料人让孩子执行好作息规律就行了，孩子还需要主动执行吗？

单纯依靠主要照料人，让孩子在"无声无息"中养成作息规律，确实是可行的，而且可能是高效的。但我们让孩子从小参与到自己生活的管理，为的就是有一天他可以完全自律地管理自己的生活。想想孩子刚刚学习吃饭的时候，是他自己吃得更快、更干净，还是大人喂得更快、更干净呢？一开始他们可能的确做不好，成年人还需要花费额外的精力和时间去帮助他们做好，但是当他们学习、学会了时间管理，并且熟练地运用了，若干年后，我们一定会看到一个不需要依赖成年人、能够有效管理自己生活的孩子。

单元 9

给 4 岁后的孩子

4 岁孩子的特质

4 岁的孩子开始渐渐有些明白事情有好坏之分，也渐渐知道了什么是权威，并且还可能会开始讨价还价。如何平衡民主与权威，就成了父母与他们相处时最大的挑战。

4～6 岁之间，孩子的生活会在幼儿园与家庭的两个活动环境中不断切换，作息会因此更有规律。好习惯和坏习惯都会放大，孩子与成人之间的冲突也会不断增加。

时间管理训练的重点

在此前的"任务清单"阶段，决策的过程还是以父母为主导，孩子的参与体现在理解及认可上。面对一个 4 岁的孩子，如果还像过去一样只是直接给他一个"有趣的工具"，恐怕已经很难获得他真心的理解与认可了。4 岁的孩子安排自己生活的意愿会更强烈。因此，在训练的第二阶段——惯例表阶段，会让孩子更多地参与到决策的过程，孩子会更明显地发现，自己开始安排生活中的各项事件、并且觉得事情的发生顺序是由他控制的、工具会在他的手中变得完整，这样可以更好地满足他管理自己生活的意愿。

无论是否经过"任务清单"训练，到了 4 岁的年龄，孩子的心智都已经发展到了一个新的阶段，更有能力理解并参与到时间管理的活动中。当然，如果孩子此前一直缺少一些对时间的认知学习，那么仍旧需要从熟悉计时器、熟悉工具的引导开始，只是这个进程可能比在年龄小的时候进行会快一些。

睡觉保卫战——睡前惯例表（Routine Sheet 1.0）

困 境

"壹壹，快去刷牙！"

"不要，我还要再看本书！"

"壹壹，快来换睡衣穿睡袋了！"

"哦，等一下哦，我还要上个厕所。"

"壹壹，快睡觉了，明天醒不过来啦！"

"妈妈，可是我睡不着……"

壹壹不是个嗜睡的孩子，为了解决他的入睡困难，在他还小的时候，我们曾经做了两件事：第一，白天尽量安排户外活动，消耗掉一些他多余的旺盛精力，"电"放空一些，入睡也就可能容易一些；第二，不安排睡前故事，故事最晚会在刷牙前听完，因为上床后听故事，壹壹不是越听越兴奋，就是越听想法越多，甚至可能因此做噩梦。尽管如此，他入睡依然不是那么容易，进入幼儿园后，晚上准时入睡成了一个非常大的挑战！

关于晚睡的坏处，诸如成长激素分泌不足、第二天起床困难等，壹壹如数家珍，但这些对于帮助他迅速入睡没什么作用。当然，我们也使用过一些恶劣的方法，比如唐僧念经般地数落，某些时候还会怒火升级，一顿臭骂后，小家伙在啜泣中入睡，我则看着他依然可爱的小脸蛋，自责、内疚……

每晚睡觉就好像一场艰苦卓绝的战役，每每筋疲力尽地躺倒在床上，我就无比烦恼：就不能好好睡觉吗！濒临黔驴技穷之际，我想到了"睡前惯例表"，它就像是我的最后一根救命稻草，在将信将疑中，我打算放手试一试！

聊聊睡觉的烦恼

"壹壹，每天晚上睡觉前的睡觉大战，你感觉怎么样？"

"不开心。"

"可是壹壹知道的，太晚睡觉会有很多坏处，对不对？"

"嗯，我知道，会长不高！"

"还有呢？"

"第二天会爬不起来。"

"还有吗？"

"嗯……我想不出来了。"

"太晚睡，还会被我们说啊，说了还开心吗？"

"那肯定不开心的咯。"

"所以，好像听上去，太晚睡，真不是什么好事情啊！"

"嗯，是的呀！我还玩得正开心，你们叫我去睡觉，我也不想睡啊！"

"哦，我明白了，壹壹不想睡觉，是因为不想自己正在玩的时候，突然被叫去睡觉！"

"嗯，是的！"

"那如果我们不是在你玩的时候就突然叫你睡觉，而是让你一步一步地做睡觉准备，会不会感觉好一些？"

"嗯，好像是的！"

讨论睡前惯例

"壹壹，考考你，睡觉前，你通常会做些什么事？"

"刷牙、洗脸、穿睡袋、换睡衣、看会儿书，嗯……没了！"

"我们来排个顺序吧！我帮你记下来。最先做哪件？"

经过一番讨论，我们初步确定了睡觉前需要依次做的事：刷牙——洗脸——换睡衣——穿睡袋——看书——睡觉。

"想想，还漏了什么事吗？"

"哎呀，尿尿！睡觉前，我一定要尿尿的。"

"那我们把这件事放在哪里呢？"

"妈妈，你说是在换睡衣前尿尿比较好呢，还是在看完书以后呢？"

"你决定！"

"换睡衣前吧！"

"好的！OK，我们的惯例表做出来了，那么，壹壹愿意在每天睡觉前都按这个顺序来做准备吗？"

"没问题啊！哎，妈妈，还漏了亲亲！"

"哈哈，赶快加上！"

熟悉工具

我和壹壹一起把讨论的结果做成了睡前惯例表工具，很快地壹壹意识到这和他之前使用过的工具都不一样："妈妈，这是要我做完每件事都贴一个笑脸吗？"

"真聪明，说对了！"

"我只要把所有格子都贴满笑脸就可以了，对吗？"

"对，也不对！你全部完成的时候，的确所有的格子都会贴满笑脸，不过……"

"我知道了！要一个一个跟着箭头贴，不能随便乱贴，对不对？"

"是的，壹壹，100 分！"

我又指了指惯例表上一头一尾的两个时间（20:00 与 20:30），继续说："每天晚上八点到了，妈妈会每隔 5 分钟提醒你一次可以开始执行惯例表了，八点半是你睡觉的时间，看看你执行的速度够不够快！"（这是一个大约 10 分钟就能做完的惯例，所以不用担心时间不够）

"我速度可快了！"壹壹信心满满地答应了！

睡觉，终于可以不再是一场战争了！

时间管理的价值

睡觉的拉锯战，几乎困扰着所有家庭，进幼儿园后，这个问题会更突出：入睡晚影响第二天起床、起得晚又影响在幼儿园的午睡，然后恶性循环影响第二天晚上的入睡。

使用惯例表是从追求长期效果的角度出发去解决孩子的入睡问题，更准确地说是让孩子能够真正有效、自律地管理自己从入睡前到入睡的生活。

相比此前的任务清单（To Do List），惯例表（Routine Sheet）最大的变化来自于对事件顺序的要求，这也标志着孩子的时间管理进入了一个新的阶段。虽然惯例表中也可以搭配钟点

时间的要求，但一下子增加了太多的变量，加大了孩子的理解难度，恐怕会影响执行的效果，因此建议在孩子刚刚接触惯例表时，最好不要同时把钟点时间作为训练的元素之一。

→ 第一步 理清事件

如果我们把入睡困难看作是一系列行为的"结果"，那么，要改变这个结果，就需要从解决那一系列行为（事件）着手。就像在孩子还是小婴儿的时候一样，要为他建立生物钟，我们要用一个固定的行为顺序让孩子自己提醒自己：这样一步一步做完后就要睡觉了。

顺序	项目
1	洗漱
2	换睡衣
3	上厕所
4	阅读
5	晚安亲亲
6	睡觉

→ 第二步 厘清时间

关键的时间点有两个：开始执行惯例表的时间和睡觉的时间。当我们为一个执行起来用 10 分钟绰绰有余的惯例表预留了 30 分钟的时间时，只要引导得当，这一系列行为（事件）完全可以非常有序、淡定地完成。

顺序	时间	项目
1	20:00	洗漱
2		换睡衣
3		上厕所
4		阅读
5		晚安亲亲
6	20:30	睡觉

如何实施

→ 第一步：了解孩子的需求

孩子晚上不愿意入睡的原因有很多，比如有的孩子缺少足够的室外运动，用玩笑话讲就是"电没放空"，精力仍然很旺盛，可能就很难入睡；也可能是孩子觉得爸爸／妈妈（低龄时，可能主要是妈妈）的陪伴时间不足，所以希望能得到父母更多的关注与陪伴；当然，也可能有时候是孩子叛逆、故意挑战父母权威，不愿意入睡。

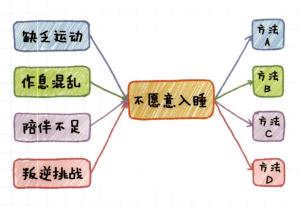

只有了解孩子不愿意入睡的真正原因，才可以"对症下药"，而使用睡前惯例表能引导孩子自己参与到解决入睡问题中，因此可能适用于很多孩子不愿意入睡的情境。

→ 第二步：获得孩子的理解

要通过与孩子的沟通，让孩子了解：按时睡觉才能够满足身体休息和生长的需要，这是我们希望他乖乖睡觉最主要的原因。

同时，要尽量让孩子不断理解睡觉是他自己的事情，他要为自己的事情负责，并且不断为此想出更多的办法。

最后，让孩子知道：入睡大战不只是让孩子一个人觉得不开心，也会让父母觉得不开心。所以，我们要和孩子一起来想办法，让入睡变成一件不会让大家都不开心的事情。

→ 第三步：邀请孩子参与制作惯例表

● 让孩子罗列睡前事件

可以用"头脑风暴"的方式，请孩子说出睡觉前可能要

做的所有事情。无论孩子说出什么，都不要去打击孩子，不要说"错了！不可以！不应该！"在孩子刚刚参与决策的起步阶段，他受到的打击越少，参与的积极性与自信心就会越多！

● 引导孩子对事件做出取舍

在孩子罗列出的事件中，可能有些不合理、不合适或者不可行的项目，可以和孩子做一些讨论，比如：

- 睡觉前，做这件事情，你会有什么感觉？
- 这件事情如果只有很少的时间可以做，你会有什么感觉？
- 如果在另外一个 ×× 时间做这件事情，你觉得怎么样？

然后和孩子确认睡觉前应该要做的事件清单。

● 引导孩子对事件排出可行的顺序

要引导孩子对事件发生的顺序做出可行的排序。请父母务必注意，顺序不是只有唯一正确的一种，也不以父母内心的期望作为排序标准。只要孩子做出的排序是可行的，就请尊重孩子的决定，不要干涉、更不要纠正孩子，不要强迫他做出符合你期望的排序选择。

● 请孩子决定工具的形式

请孩子选择一种当下最喜欢的工具形式，只要这种形式能正确、清晰地让他了解要做什么事情，就都可以！如果需要，可以再回看一下上文中"儿童时间管理的工具"（第60页）这段内容，寻找一下灵感。

→ 第四步：监督孩子执行

可以把惯例表放在孩子时时可以看见的地方，让他在执行的时候可以随时检查，而父母的职责就是帮助并监督孩子执行——不断提醒、及时鼓励！

1. 孩子执行完睡前惯例表，躺下还是睡不着，怎么办？

如果孩子确实睡不着，说教、打骂肯定是没有作用的。不妨采取一些解决当下问题的方法：

- 给予孩子有限的选择，比如：让妈妈看着你睡还是你抱着小兔子（安抚玩具）睡？
- 和孩子做入睡游戏，用游戏的方式让孩子接受：现在是睡觉的时候了！

总之，方法不是唯一的，关键是要愿意去想、去尝试那些让孩子和你都能感觉好起来的办法，使用惯例表，也是方法之一。

2. 既然不一定能解决睡觉的问题，为什么还要做惯例表呢？

从孩子成长的角度而言，给予有限的选择是短期有效的办法，它不能对孩子的长期发展产生有效的积极作用；而惯例表则是对孩子长期有效的工具，让孩子有机会学习有规律地生活、学习自己安排自己的生活。

3. 我们家用过类似的表，完全没有用，怎么办？

（1）找到孩子不愿意入睡的真正原因

上文中，我们提到孩子不愿意入睡的原因很多，如果我们没有真正地理解孩子的需求，只是机械地请他执行一个看似是得到他同意的工具，孩子内心其实是不会真正认同的！尤其当父母陪伴不足时，还要强硬地执行工具，可能会适得其反，影响亲子关系，这是我们绝对不希望看到的一种情况。

（2）请孩子参与惯例表的制作过程，而不是直接扔给他一个你做好的惯例表

一个你做好的惯例表，反映的是你希望孩子做到的；一个孩子参与制作的惯例表，体现的是他有兴趣做到的——这是本质的差异。没有人喜欢接受一个强加给他的工具，即便表面接受，也缺乏发自内心的动力。

（3）只是执行惯例表，没有其他

有了惯例表，孩子就会乖乖地执行、很快睡觉，可能吗？不好意思，恐怕不太可能。

使用工具的好处，就是在孩子"做不到"的时候，让工具说话！要提醒孩子："看看你的惯例表，接下来该做什么了？"而不是指责、打屁股，与孩子陷入权力之争……

4. 宝宝 2 岁，适合用这个睡前惯例表吗？

任何工具的使用都和孩子的能力程度有关联，总体来看 2 岁还是太小了，参与讨论决策的能力有限。参考本书此前所分享的 3 岁阶段的任务清单的做法——将睡前事件进行简化，然后让 2 岁的孩子参与执行，也许是可以尝试的！只是，请把期望值降低、再降低，毕竟，2 岁的孩子，真的还很小！

好妈妈也是好老师——家庭学习惯例表（Routine Sheet 2.0）

不散养的半虎妈

壹壹喜欢群体生活，而且精力极其旺盛，从小对各种培训班——早教、体育、英语、画画、音乐、思维逻辑等都表现出极大的热情，只要上体验课，他必说喜欢、必定想参加。我们从没打算培养出十项全能的"牛娃"，所以这种情形下，必须不断帮他做减法选择，还要和他讨论、分析，让他理解和认同每一次的"不选择"。

但是，避免过多的培训班，不代表我们认同孩子应该每天漫无目的地瞎玩，尤其是每一个放学后的下午——到商场胡乱跑一通是1个小时，静心阅读也是1个小时；看个动画片是30分钟，拍个皮球也是30分钟。在同样的时间里做什么，是我们和孩子的选择。

恰好，壹壹进入小班的下学期，我因为孕期身体的原因，开始病休在家，于是我打算和壹壹开始"妈妈大讲堂"项目，而这一切是从制作一张家庭学习惯例表开始的。

选择项目

适合在家开展的学习内容是很丰富多元的，当时，我想的没那么多，从自小接受中国式教育的惯性思维中直接跳出来的选项就是传统三大项：语文、数学、英语，然后等我逐渐把体育、美劳以及儿童桌游添加进项目后，"家庭泛学习"的雏形也就基本形成了。

根据我预设的发生频次，我做了一份"部分可变"的每周惯例表（相关内容详见下文"如何分析"），所有可变项可以由壹壹自行安排，形成最简单的每日学习惯例。

"迷你番茄"

番茄工作法对高效使用时间、集中注意力的作用是极为明显的，考虑到孩子年龄还小，又是第一次尝试，我把4岁壹壹的"迷你番茄"定义为15分钟，并将所有项目的实际需要时间基本控制在10分钟以内（关于番茄工作法的说明请参考本书中"时间管理的相关理论"部分第 34 页）。

4 岁孩子，并不需要对时间管理的理论有多深的了解，实际上他也理解不了，所以我并不会和壹壹讨论"迷你番茄"的概念，只是让他知晓，完成每件事情的时间要求是 15 分钟，倒计时计时器会提醒他——时间到了！

讨论惯例

"壹壹 评价一下这段时间的妈妈大讲堂吧？"

"很好 "

"妈妈大讲堂都教了壹壹些什么？"

"做数学、学汉字、听英文。"

"没了 "

"没了 "

"壹壹有没有在学拍皮球？"

壹壹点头。

"我们是不是还玩了逻辑狗？"

壹壹又点头。

"毛毛虫桌游，好玩吗？"

"好玩好玩！"

"前两天妈妈和你一起折了纸飞机。"

"哈哈，妈妈，我的飞机飞得比你的远！"

"是啊，你比妈妈折得好！"我停了停，又说："这些都是妈妈大讲堂的内容，你怎么忘记了呢？"

"啊？这些都是啊？"

"那当然！壹壹，你想不想自己来安排每天在大讲堂里学什么呢？"

"真的？可以吗？我可以天天看 iPad 学汉字吗？"壹壹心里果然惦记着他的 iPad。

"我们先一起来看看，你可以怎么安排妈妈大讲堂吧？"

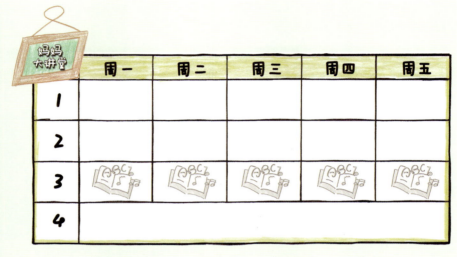

语文　　数学　　英语　　运动　　美劳　　桌游

后　续

　　自从我们用上了学习惯例表，每天都是壹壹盯着我快点帮助他完成惯例表上的项目。不管你相不相信，有时候，工具就是这么神奇！

时间管理的价值

在这张 2.0 版的惯例表中，有三个重要的难度升级：

- 我们开始为每一个独立的事件加上时间长度的限制，也就是说，在执行时除了有顺序要求，还加上了时长要求。

- 这张惯例表不再只局限在一天，而是跨越一整周。

- 变量更多，排列组合的方式更多。

这三个难度升级将会使孩子时间管理能力更上一个台阶，同时开始逐渐向成年人的时间管理方式过渡。

使用这张贯例表，最主要的目的不是"学得知识／技能"，而是"进行一定时长的专注力训练"以及实现学习习惯的初步养成。所以，"迷你番茄"是其中非常重要的一个元素。

→ **第一步：理清事件**

这份学习贯例表的发起方其实是父母，项目的内容及频率的设置，应该根据各个家庭不同的实际情况而定。

项目		频率	说明
语文	识字APP	一周3次	配合早早出现的识字敏感期，有益的APP更有趣。
数学	连线、写数字、数数	一周3次	周一至周五每天不超过3项	练习手腕力量，学习正确握笔，认识数字
英语	听英语儿歌	每天1次		无短期目标的"英语磨耳朵"
运动	拍皮球/骑自行车	在不影响作息的前提下，任意选择	发展粗大动作，锻炼强化体质
言劳	画画/手工		发展精细动作，提升审美能力
儿童桌游			忘记"玩中学"，纯粹玩耍

→ **第二步：厘清时间**

为每个学习项目确定一个固定的时间长度，控制总时长。

项目	固定时长	总时长
听英语儿歌	≤15分钟	≤45分钟
可变项目1	≤15分钟	
可变项目2	≤15分钟	

→ 第一步：明确你的需求

锻炼一段时间内集中注意力的能力、建立良好的学习习惯，这是主要目标（需求），同时学一些技能或知识，这是次要目标（需求）。面对一个 4 岁的孩子，父母千万不要颠倒这两个目标的主次，否则所有的行为都会显得很功利，而这种畸形的行为在无形中会给父母和孩子造成非常大的压力。

→ 第二步：匹配孩子的情况

选择怎样的"学习项目"以及赋予孩子在时间管理项目上多大的支配自由权，取决于孩子本身的能力程度以及此前的生活习惯。父母应该根据孩子的实际情况来做出选择。

→ 第三步：邀请孩子决定每天的惯例

请孩子决定：有哪些可变的学习项目可以被安排进学习惯例表内以及要如何安排。

作为父母，我们已经把握了整体的方向、程度与节奏，所以大可以放下焦虑，让孩子更自由地决定和安排每天学习的项目、顺序，甚至是数量（只要孩子愿意）；可变项目能赋予孩子在项目决策过程中的更多参与权力，也能让孩子得到更多的尊重与信任。

→ 第四步：监督孩子执行

不断提醒、及时鼓励，是帮助孩子有效执行计划的不二法宝，也是父母的责任。

Q&A

1. 那么小的孩子，就要这样填鸭式地学习吗?

是否要让孩子学习，是父母价值观的选择，如果你认为孩子在学龄前不应该学习任何学科知识，那么就不要勉强自己，也不要纠结于"别的孩子在学什么"。

我的观点是，孩子学习适宜于他年龄和能力的知识，对孩子而言不会是折磨，而是一种活动，只要父母不要有太强烈的功利心，扬起鞭子打走孩子学习的兴趣与好奇心，孩子自然可以获得学习的乐趣，并且学到一些知识。

此外是否要学习、学什么要充分根据自己对孩子的客观认知与判断来定，超越孩子能力的强迫式学习才是最坏的。

最后，适当提前学习可以拉长学习周期，让孩子慢慢体会、理解与练习，长线的学习周期配合适当的形式，对孩子而言也是一种"玩"的体验。

2. 这么小的孩子，怎么可能"坐得定"来学习?

首先，没有强烈功利心驱动的父母，会更平和、更纯粹地看待学习这件事情，坐得定(专注力)是一种技能、一种习惯，是可以通过各种活动来培养的，这种活动可以是游戏，也可以是学习行为。

其次，如果要一个孩子一次坐定 30 分钟、1 小时，那是不切实际的，所以学习活动的时间设置要短小，对 4、5 岁的孩子而言，15 分钟仍然太过漫长，7、8 分钟或许更为合适。

再次，学习什么项目，具体什么内容、达到什么难度，必须要和孩子的实际能力相匹配，切不可拔苗助长，安排超过孩子能力范围的学习项目，孩子是绝对不可能"坐得定"的!

最后，请记得，安排这样的学习活动，最重要的目的是帮助孩子建立学习习惯!

放学归来——家庭生活惯例表（Routine Sheet 3.0）

道具大变身

在壹壹熟练地使用了睡前惯例表和学习惯例表一段时间后，我想，是时候去合并两张表格了。

我的这次合并，是从工具形式的变化开始的：我把原来"上墙"的大型工具挪移到桌面，使用纸张作为载体，这样工具就有了可评价（自评）、可回顾、可积累的特点。

- 可评价：可以让壹壹看到自己选择的行为以及选择带来的结果。
- 可回顾：可以帮助壹壹不断总结自己一个阶段的行为结果，并且对惯例表做出调整。
- 可积累：可以让壹壹看到自己行为的变化（波动）、短期的结果以及长期的成果。

这些特点将会对孩子进入下一个阶段的时间管理，发挥重要的承前启后作用。

壹壹的尝试

"咦？妈妈。这是我的惯例表吗？怎么变小了？"壹壹看到被贴在画板架上的 A4 尺寸的惯例表，觉得既熟悉又陌生。

"看看和以前的惯例表有一样的地方吗？"

壹壹凑近了仔细看，"我发现了！这里有妈妈大讲堂，有睡觉惯例表！"

"真棒！一下子就发现了呢！这是壹壹的'家庭生活惯例表'！"我指着那些项目，继续和壹壹讲："这些都是你以前做过的，应该已经很熟练啦！"

壹壹点点头。

阅读罐子与游戏宝箱

接着，我又给壹壹看了两个工具。

- 阅读罐子——1 个阅读罐子（磁贴）+3 本书（磁贴），每本书代表 20 分钟的亲子阅读时间。

● 游戏宝箱——1 个宝箱（磁贴）＋若干游戏宝石（磁贴），不同的游戏宝石代表了体育（拍皮球／骑自行车）、美劳（画画／做手工／折纸）、儿童桌游项目以及其他一些玩具、游戏项目。

"壹壹，这是阅读罐子和游戏宝箱。每天你完成妈妈大讲堂的学习项目后，就可以随便选择阅读罐子和游戏宝箱里的书和宝石了。"

"妈妈，这个我会用的！"

"到了八点，你的睡前惯例就要启动了，这时候，你就要开始做睡前准备了哦！"

"哦，这个我也会用的！"

"哈哈，听上去壹壹很厉害啊，都会用！"

与奖惩无关的自我评价

紧接着，我又拿出两张贴纸，分别印着 ⭐ 和 ✅。

"这是新玩意儿哦！"壹壹赶忙拿过贴纸，问："这是什么？怎么用啊？"

"壹壹每天自己完成一个项目，就可以给自己贴上'星星'；如果需要妈妈提醒你，你才能完成，就贴一个'钩'；如果提醒了，你也没有做，那么就什么都不能贴了。"

"哦！那我肯定天天都会拿'星星'的！"壹壹信心满满。

壹壹没有讨"物质奖励"的习惯，不是因为他小，而是因为我们从未试图把评价和奖励、惩罚关联起来。奖励与惩罚都体现了成年人自上而下对孩子的控制，会导致孩子只在意物质得失。我更希望孩子能学会体验自己达成行为目标的成就感，这种对

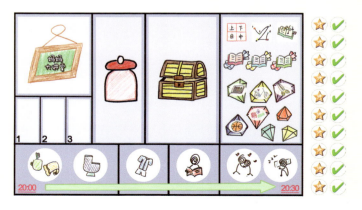

事物本身的关注能力将会使他受益终身。

活页夹

"壹壹，还有一样新任务。"我取出活页夹给壹壹，"这是家庭生活惯例表的'家'，每天早晨，你负责把旧的惯例表都放回它们的家，可以吗？"

"没问题啊！"

"我们每个星期天都会看看这一周壹壹做得如何。如果有问题，我们在家庭会议上讨论，怎么样？"使用活页夹，能让孩子看到"积少成多"的过程，并且能定时地让我们拿出来做回顾和总结，这样孩子能看见自己的行为表现和行为结果，可以因此主动发起或者主动参与惯例表的调整，执行的积极性也能被激发。

引导孩子看到"高效"的好处

开始执行惯例后，我每天会在惯例表上，记录下壹壹完成最后一个"可变项目"的时间，每周和壹壹做回顾时，我会有意识地提示壹壹看看阅读罐子和游戏宝石出现的次数，和他分析，为什么这一天出现得比较多或少，然后，孩子也会为此做出调整——因为，他也喜欢得到更多的娱乐机会！

备注： 可变的"学习项目"、"书"及"宝石"可以根据需要在每天的惯例表上做出调整。

时间管理的价值

这是这本书里的最后一张惯例表，它可以被视作是最高版本的惯例表，也可以简单看成是之前的惯例表与任务清单的组合体。在我所设计的儿童时间管理体系中，它是一个非常重要的、起到承前启后作用的工具。

这张惯例表的难点主要包括：

- 长时间跨度

  - 周期：周一至周五
  - 时长：16:00 ～ 20:30

- 双重序列
  - 包含可变量的学习序列
  - 基本固定的睡前行为序列

- 多元素
  - 核心元素：基于长时间跨度、双重序列，每日涉及的核心元素超过10项
  - 与阅读、游戏相关的灵活元素
  - 评价性元素

这些难度的叠加，将会使孩子的时间管理能力更上一个台阶，时间管理方式也开始逐渐向成年人的时间管理方式过渡。

→ **第一步：理清事件**

确认所有的惯例事件。下图是这张惯例表的核心元素：

顺序	惯例事件		
↓	妈妈大讲堂 （学习惯例） ↓ *项目1 *项目2 *项目3	阅读罐子	游戏宝箱
	睡前惯例		
	↓ *刷牙、洗脸、上厕所 *换睡衣、爬睡袋 *阅读看书 *晚安亲亲、睡觉		

顺序	时间	惯例事件		
		妈妈大讲堂 （学习惯例） ↓	阅读罐子	游戏宝箱
↓		* 项目1		
		* 项目2		
		* 项目3		
		睡前惯例		
	20:00	* 刷牙、洗脸、上厕所		
		↓ * 换睡衣、穿睡袋		
		* 阅读看书		
	20:30	* 晚安亲亲、睡觉		

如何实施

→ 第一步：引导孩子看见大惯例

按部就班地运用过前两个惯例表的孩子，其实乍一眼看到这个"家庭生活惯例表"时是不会感觉很陌生的，只不过，在此之前他可能从来没想过原来惯例表可以变得更"大"，可以从他放学到家开始一直延续到睡觉。

→ 第二步：给予孩子更多自己安排生活的权力

固定项目越多，表单的灵活性就越小，对孩子的自律要求也更高，这显然不适用于4、5岁的孩子。因此尽管这是一张大惯例表，但固定项目仍然主要集中在睡前管理上，固定顺序则集中在学习惯例上，这与他们之前已经熟悉的两张惯例表是保持完全一致的。

孩子从可以安排自己的学习项目，过渡到可以安排自己的阅读和游戏项目。在一个较长的时间段内，获得这些安排生活的权力，对孩子而言是一种挑战，对培养与提升他的自律能力是有极大帮助的，同时这也是对孩子继续积极参与惯例实践的一种鼓励，每个人，包括孩子，都

喜欢由自己来安排自己的生活。

→ 第三步：收集每日惯例，与孩子定期回顾

正如上文提到的那样，我建议从这个阶段起，将惯例表的载体改为纸质工具，使其具有可评价（自评）、可回顾、可积累的特点，这样一来，孩子可以更容易：

● 看见行为的结果

每天，引导孩子对自己的行为做出评价。请务必记得：评价与奖励、惩罚没有任何关联。评价，就是纯粹的评价——惯例完成了还是没有完成，是完全独立完成还是依靠多次提醒完成，仅此而已。

每周（一开始可以更频繁，比如 2、3 天），找一个固定的时间和孩子一起翻翻这几天做的惯例表的结果——这是他自己选择的结果。

● 主动做出调整

引导孩子发现：当他快速做完重要的事情（学习惯例），就能获得更多的娱乐时间与机会（阅读罐子、游戏宝箱）。当他意识到这一点，或许会真的愿意更快地做完必须要做的事情，并且因此对他的家庭生活管理做出积极的调整，这时，他离成为一个"可以管理自己生活的人"的目标就又近了一步！

● 看到自己成长的积累

一摞厚厚的惯例表，其实也是在给予孩子一种仪式感，孩子可以回头看到自己就是这样一天天从一件一件小事做起，保持一周、一月、一年……然后，在这一年又一年的更替中，自己慢慢地长大了。

→ 第四步：监督孩子持续执行

监督孩子持续执行的过程，也是父母自我监督的过程。坚持、坚持、再坚持！你一定会等到这份坚持带给你的积极回报。

 1. 这张表没什么新意啊，有必要单独拿出来讲吗？

我始终在强调，这是一张具有承前启后意义的惯例表，虽然所有的变化看似都很微小，但是那些微小变化的叠加对孩子而言却是一种更大的挑战。甚至可以这样讲，如果没有此前两张惯例表的积累，别说是 4 岁，就是 6、7 岁的孩子，都很难直接尝试这张大惯例表或者将这张惯例表应有的作用发挥出来。

 2. 没有奖励的自我评价，会让孩子有兴趣吗？没有惩罚的惯例表，会有约束力吗？

所有的奖励与惩罚都是外在的控制，会让孩子不再关注自己行为的本质、由自己的选择带来的结果，孩子既不能享受喜悦的结果、也不能体会遗憾的结果。

一个与奖励挂钩的自我评价，会让孩子只是关注完成惯例后可以得到什么物质回馈；一个与惩罚挂钩的自我评价，会让孩子抵触犹如紧箍咒一样的惯例表，因为他失去了生活的自由。只有当评价足够纯粹，孩子才能真正看到自己的行为与结果，成为一个具有自驱力的人，而不是一个被奖惩控制的提线木偶。

单元 10

给 5 岁后的孩子

5 岁孩子的特质

孩子成长至 5 岁，进入了另一个可爱的黄金年华。与 1 岁牙牙学语、3 岁有样学样的"可爱"不同，5 岁孩子的可爱在于有时全然一副小大人的样子：有节制、喜欢遵守既定的规则，会判断自己什么做得到、什么做不到，还会渐渐开始学习自我控制。

时间管理训练的重点

当孩子进入 5 岁，对使用惯例表较为熟练后，我们可以把他的时间管理训练上升到第三阶段——日程表阶段。日程表也是学龄前孩子需要学习的最后一个新的表单工具，需要他们对时间、事件以及两者关系进行综合应用，时间长度的扩大、变量元素的增多，都会使训练的难度大为增加。

在这个阶段，父母与孩子的角色与责任不会出现太大的变化，只不过，父母需要有意识地让孩子在决策过程中更有参与主动性，更多地运用启发式提问让孩子去思考并尝试自己找到解决问题的办法。

我的周末我做主——周末日程表（Schedule 1.0）

壹壹的周末是"忙碌日＋空白日"的组合，周六是被两个兴趣班填充的忙碌日，而周日则是完全的空白日。

壹壹可以在我们的安排下度过两天，完成一站一站的学习或者娱乐；当然，也可以换一种状态——他的周末，他做主！

"壹壹，恭喜你升级了！"

壹壹听得有点迷茫，有点兴奋，又有点期待："升级什么呀？"

"我要给你更高级的时间管理工具了！"

"哇，更高级啊！是什么？"

"我们是不是已经会看电子钟了？"

"早就会了！"

"那我们开始试着给惯例表加上时间吧！"

有时间的惯例表

"哇，那么多格子！"这是壹壹看到空白的周末日程表的第一反应。"这是我去上画画课吗？哦！这是我去学英语！"壹壹很快就发现了一些元素的"秘密"。

我和壹壹逐一解释了工具表中各项元素的含义：

- 底板

  - 日期（横向）：这是在双休日使用的日程表,因此分为星期六和星期日两个部分。

  - 时间轴（纵向）：纵向是从 8 点开始到 21 点结束的全部整点时间。

  - 时段（方格）：每个方格代表 1 个小时（几点到几点）。

- 活动的时间长度板

1 小时、1.5 小时、2 小时、2.5 小时、3 小时……根据不同的需求，可以做不同的时间长度板，每块时间长度板可以根据需求呈现一个主题的惯例表，比如：起床惯例、外出学习惯例、睡前惯例等。

● 活动项目

根据使用需求，所有的活动项目都单独制作，可以灵活使用或增补。

● 评价

根据完成项目的主动性和结果作自我评价，⭐表示"做得非常好"，✅表示"完成"。

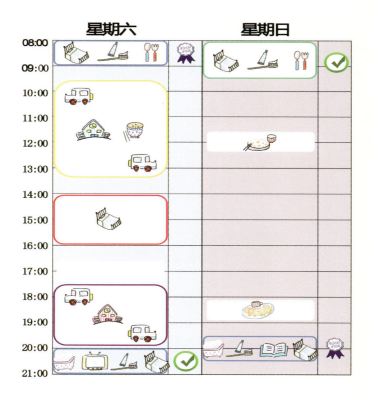

执 行

因为有了几年的积累，从任务清单到惯例表，壹壹已经非常适应使用工具了，所以面对这张看似复杂的表单，他的实际执行难度并不会非常大，尤其是周六的那张相对固定的日程表。而周日，因为他可以参与决定"娱乐活动"的安排，所以积极性也非常高。

"妈妈，下个星期天，我们去体育公园吧？带上帐篷，我们去野餐！"

"好呀！我们来看看要怎么安排这一天的行程吧。"

"妈妈，明天下雨了，是不是只能在家里了呢？"

"可以去外面室内的地方玩，也可以在家里，你决定吧！"

"可不可以和爸爸在家打 Wii？"

"我觉得可以，不过屏幕游戏对眼睛有伤害，你觉得多长时间合适？"

"2 小时？嗯……1 小时？嗯……妈妈，你说呢？"

"OK，1 个小时！"

"太好喽！"

"那我们来看看，明天一天在家，我们怎么安排吧？"

备注：这张周末日程表是一个双表组合，"星期六"的两个学习时间（惯例）是固定的，因此基本上可视作是一张固定日程表；而"星期日"因为可以选择各种不同的娱乐项目，变数大，因此属于一张完全可变的日程表。

时间管理的价值

进入到儿童时间管理的第三阶段——日程表阶段，标志着孩子的时间管理训练与成年人的时间管理工具的衔接更近了一步。

从形式上看，日程表是若干个惯例表及空白时间的有序组合，并且为所有事件（含空白事件）配上时间轴元素，这是日程表阶段的最大变化——加大了时间变量的作用！就此，本书介绍的儿童时间管理体系中的事件、时间以及两者的匹配这三个要素全部出现。

如何分析

每个家庭的周末安排虽然可能大相径庭，但起床惯例、睡觉惯例、午餐、午睡（小年龄儿童）、晚餐等项目基本上应该保持与非双休日的统一。

所谓周末日程表，主要是针对可变部分（周末特定的事件）来做不同的行程安排。

→ 第一步：理清事件

周末会有哪些事情?

惯例/事件		周六	周日
起床惯例	起床-洗漱-换衣服-吃早餐	✓	✓
固定事件	午餐	✓	✓
	午睡	✓	✓
	晚餐	✓	✓
睡前惯例	洗漱-换衣服-阅读-睡觉	✓	✓
		特定事件/惯例	特定事件/惯例

→ 第二步：匹配事件与时间

时间	惯例/事件		周六	周日
08:00 —	起床惯例	起床-洗漱-换衣服-吃早餐	✓	✓
11:30 —	固定事件	午餐	✓	✓
13:30 —		午睡	✓	✓
17:30 —		晚餐	✓	✓
20:30 —	睡前惯例	洗漱-换衣服-阅读-睡觉	✓	✓
			特定事件/惯例	特定事件/惯例

如何实施

→ 第一步：教会孩子认识时钟

日程表阶段开始加入时间（轴）的元素，因此需要孩子对时钟有一定的认知能力。考虑到年龄因素，最可行的方法是先使用电子钟（或电子表），孩子更容易理解数字的表现形式，这种形式与日程表上的时间显示也保持了一致。

→ 第二步：准备道具

日程表是否使用大型工具，是很个人化的选择，主要依父母和孩子的喜好来定。不过，大型、形象化、色彩鲜艳的工具对低龄的孩子更有吸引力。

→ 第三步：与孩子讨论确认日程表中的各个事项

区别于惯例表，日程表的内容需要一直根据实际情况来安排、调整，所以最好能在前一个周六或者周日固定安排一个"周末日程表讨论时间"，来讨论后一个周末该如何安排。

在安排日程的过程中，如果不断出现新的元素，可以鼓励孩子更多地使用他擅长的方式来呈现。

→ 第四步：带领孩子执行并做出回顾

带领孩子执行由孩子确认的日程表的过程中，尤其要提醒孩子遵守其中的重要惯例。

每个周末结束的时候（也就是制定下一个周末日程前），可以和孩子对这个周末的日程执行情况做一个回顾与总结，让孩子了解自己制定的计划被执行到怎样的程度了，有什么经验值得用在下一个计划的制定中。

Q&A

1. 这套日程表的形式为什么从纸质又回到"上墙"状态? 这岂不是一种倒退?

正如上文所说,日程表用什么形式是一种非常个人化的选择,用纸质,当然没有任何问题的。从惯例表到日程表,在这套儿童时间管理体系中是一次重要的质的飞跃,因此我重新选择了大型工具,希望用一种更有仪式感的方式让孩子感受到"这是一次非常重要的变化",让孩子眼前一亮,并产生尝试的兴趣。

如果觉得非纸质工具在保存和回顾上有一些缺憾,不妨尝试拍照留存,和每天学习、娱乐的照片放在一起,也不失为一种别致的纪念形式。

2. 周末生活和平时差异那么大,怎么让孩子调节呢?

哪怕是在周末,孩子的重要惯例,比如起床惯例、睡前惯例以及午睡最好能维持整体不变,但可以在起床和睡觉的时间上做一些微调,以尽量不对孩子的生物钟有太大影响为宜,不要人为地造成周末与日常生活的巨大差异。

妹妹来了——暑假日程表（Schedule 2.0）

2014 年夏天，壹壹将在这个暑假里正式成为哥哥，我们家将真正迎来二宝的挑战。

要想两个宝宝未来能和谐相处，这是必须闯过的第一关——绝不能让老大有"被遗弃"的感觉！尽管我已经计划当一个不躺在床上坐月子的妈妈，但我依然对于两个宝宝同时在家的场面有很多担忧：一个生理上嗷嗷待哺的小宝宝、一个心理上嗷嗷待哺的大宝宝，抢夺大人们的关注、照料，花去大人们大量的时间与精力……

于是，我未雨绸缪，计划了一件"大事情"——我要在这个暑假，躲在壹壹身后，让他尝试独立管理自己的暑假生活。

引导孩子的认同

我找出囤了很久的《快乐儿童的 7 个习惯》（《高效能人士的七个习惯》的儿童版），在暑假前的一个月，每天和壹壹阅读其中一个习惯，用了七天把整本书读完。我虽然是带着目的性和壹壹做这次阅读，但由于我一贯对"灌输道理式精读"有所排斥，因此也只是带着他慢慢地通读了一遍。我心里很清楚，5 岁的孩子不可能完全理解这本书的内容，但只要他听完有一点点感觉、一点点意识也就足够了！很幸运，阅读结束，壹壹嘴里冒出了那句我希望听到的话："快乐，是自己的事！"

讨论执行计划

暑假前的一个星期，我开始和壹壹谈论他这个暑假的生活。

"壹壹，马上要放假了，我们来做个挑战项目，怎么样？"

"什么挑战啊？好玩吗？"

"这个项目叫'壹壹的快乐暑假'！"

"什么意思啊？"

"记得萨米（《快乐儿童的 7 个习惯》里的人物）的故事吗？"

"找事情做，让自己不无聊的萨米吗？"

"对，壹壹可以自己决定做些什么事，让自己的暑假过得快乐，怎么样？"

"好呀！"

我们家的小壹壹就是这么喜欢接受新鲜事物、接受挑战。接着，我们开始讨论暑假里可以做些什么。我把事先已经给壹壹准备好的活动项目卡片给他看，他兴奋地拿起每一张手绘贴纸看了又看。虽然识字量有限，但看着图片他也基本能理解活动项目，我无需再做解释。

我又把准备好的表格和规则拿给壹壹看，虽然他对各种表单已经见怪不怪，但第一次见到这张看起来有点复杂的大表格，还是十分兴奋。

"妈妈，给我一张先玩玩吧？我是每天要 9 点半前起床吗？吃饭是贴在这里吗？洗澡是贴这里吗？哇，我睡觉了哎！"壹壹在贴贴、问问的过程中，大致也明白了这张表格可以如何使用。

让孩子做出承诺

在假期开始前的最后一个周末，我带着壹壹试运行了 2 天。壹壹在试运行期间，表现积极，执行完成得极好。

于是，我拿出了最后一样东西——承诺书！

"这是什么东西？"壹壹看了很是疑惑。我先引导他回想《快乐儿童的 7 个习惯》中说的"快乐，是自己的事"，帮助他再次理解"自己可以让自己过一个开心的暑假"。我给壹壹设定了一个"每周至少获得 5 枚代表目标达成的红心"的目标，但这个目标不与任何物质奖励有关联。实施的过程也证明，壹壹最大的快乐在于每天看到自己安排的计划被逐一实现，从不关心目标实现后是否会有什么奖励。

6 月 27 日晚，壹壹郑重其事地在他的承诺书上按指印画押，这是他人

141

生中第一份自己确认的"契约"。我把他的承诺书仔细地收入文件夹，我们俩人都有点小激动、小兴奋、小期待……

坚持就是胜利

带着试运行的良好体验，壹壹开始执行"快乐暑假"计划了，很快地他就熟悉了执行内容，像 PDCA（Plan-Do-Check-Adjust）这样的词儿也时常挂在嘴边。

可是，在我们愉快地执行到第 4 天的时候，大麻烦出现了！

7 月 3 日的清晨，妮妮出生了！壹壹当哥哥了！由于之前我太笃定，想着妹妹大约不会那么早出生，原计划等到周末再突击培训一下爸爸。可这下懵了：这个"快乐暑假"计划除了我和壹壹，没有其他人会玩。我只能和壹壹商量，实在不行，就中断几天，等我出院了再说。

"壹壹，妈妈这几天住院，没办法带你做日程表了，怎么办？"

"我可以带来医院做吗？"

"你每天都可以来医院，但是你不会一直在医院啊，来这儿好像没办法做哎！"

"那，我教爸爸或者外公陪我做吧。"

"你教？"

"我都会了，放心！"

既然儿子说他 OK，我就信任他。于是简单交代了一下爸爸在哪里可以取到材料，就交给他们爷俩儿折腾去了。他指导爸爸陪他完成日程表，竟然还指挥他爸画了"妹妹出生，我来探望妹妹"的活动项目。

这份热情，壹壹维持了大约 1 周，很自然地，新鲜劲儿过去了……

之后，我按计划成了出院后一天也没在床上躺着坐月子的妈妈，每天陪壹壹做我该做的事情——陪他做计划、提醒他依照计划执行、监督他的执行结果、陪他做总结。因为他可以自己执行计划，所以我也可以在他独立完成任务的时候照顾以呼呼大睡为主的小婴儿。再后来，壹壹也参与到照顾小妹妹的工作中来，甚至"扔尿布"还成为了壹壹的一项每日活动项目。

妹妹到来后的第一个暑假就这样愉快地结束了，厚厚的一沓

扔尿布

日程表被收纳进文件夹。在这个假期里，壹壹必须接受并学习和另一个孩子分享妈妈的陪伴时间，但是因为他可以"自己安排假期并且让自己开心"，所以他每天都过得很充实，我也相信他不仅不会有强烈的被遗弃感，反而会对成为自己生活的主人更有自信。而我，也对二孩生活中如何帮助壹壹顺利度过这种"跌落王座"的挑战期有了更多的想法与信心。

时间管理的价值

一个精力旺盛的孩子，从丰富、时刻有小伙伴陪伴的幼儿园生活暂时回归到纯家庭生活时，恐怕会有些难适应。对幼儿园生活越适应的孩子，恐怕在家里越会觉得"无聊"，精力无处释放，更需要受到关注。

如果家里没与全职妈妈，如果家里正好有二宝，一个孩子若能自律、有效地安排自己的生活，照料人只要提醒、监督，那么既可以减少照料人的精力消耗，也可以让孩子有锻炼自律的机会，岂不是一举两得？

如何分析

→ 第一步：理清事件

5 岁孩子的暑假生活里会有哪些事情？

还记得这张图吗？在上文"给 0 ~ 1 岁孩子"中就曾出现过一张类似的图。再次使用，我们能发现，学龄前孩子在家时主要的事件真的就只有这 4 大件：吃、睡、玩、卫生。只是，随着年龄增

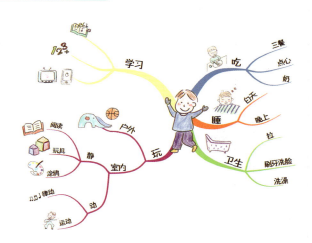

加，学习也会慢慢地从"玩"中分离出来成为独立的一支，孩子活动的侧重点会有所变化。

罗列好孩子暑假生活的相关事件之后，我们需要确定事件类型：

● **第一类：惯例事件**

惯例事件包括两小类，一类是直接与生活作息相关的生活惯例事件；另一类则是与学习相关的学习惯例事件。

惯例事件是最为直接的需要孩子遵循约定去执行的事件，因此在这张日程表中被进一步约定为会得到评价的事件，评价分别是：未完成——❌、完成——✔、完成得非常棒——⭐这三种。

下图是一些生活惯例事件：

下图是一些学习惯例事件：

● **第二类：其他组成事件**

这一类事件主要是各项娱乐活动，孩子可以在各个时间段内灵活地进行，并且不会被评价。这类事件依照在一定时间段内（主要为周或天）的使用频率是否有限制分为两个小类。一类是有限事件，另一类则是自由事件。（其中唯一特别的是"扔尿布"事件，它是哥哥承担的一项

额外责任，有利于建立哥哥与新家庭成员间的一种情感连接。）

下图是一些有限事件：

讲故事

讲故事

原版动画片

iPad学习

下图是一些自由事件：

活动筋骨

奇思妙想

拍皮球

构建游戏

画画

做手工

扔尿布

事件类别		要求			
		时间	时长	数量	评价
惯例事件	生活惯例事件	✔	✔		✔
	学习惯例事件		✔	✔	✔
其他事件	有限事件			✔	
	自由事件		✔		

→ 第二步：厘清时间

针对活动项目，有三个灵活的时间长度供孩子选择：15分钟、20分钟、30分钟（另有120分钟专用于午睡时间），除了对部分"惯例事件"和"有次数/时间限制的项目"有明确规定以外，大部分的活动项目的时长可以由孩子自己决定。

时间	事件项目	时长
9:00前	起床	20分钟
	换衣服	
	洗漱	
	吃早餐	30分钟
	PDCA总结与计划	15分钟
10:00-11:30	自由育乐时间	90分钟
11:30-12:00	吃午餐	30分钟
12:00-13:00	自由育乐时间	60分钟
13:00-15:00	午睡	120分钟
15:00-18:00	自由育乐时间	180分钟
18:00-18:30	吃晚餐	30分钟
18:30-20:00	自由育乐时间	90分钟
20:00后	洗澡	
	洗漱	
	换睡衣	
	阅读	15~30分钟
21:00前	睡觉	

→ 第三步：匹配事件与时间

将所有元素整理归类后，形成清晰可行的日程表，如下图。

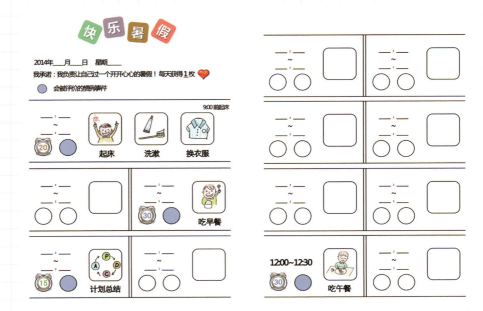

146

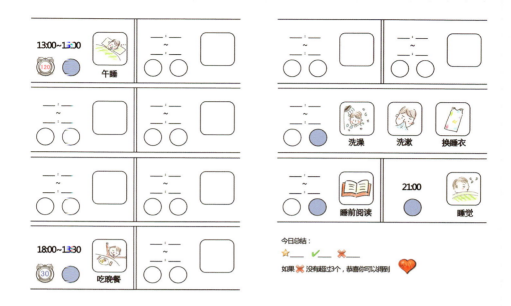

如何实施

→ **第一步：准备元素，草拟规则**

考虑到孩子只有 5 岁，在做这张日程表时，仍然应以家长为主导，孩子可以参与决策过程，发表自己的想法与意见。在此之前，家长应该先明确自己的需求和孩子的状况，依此设定一些主要的规则。但也要留出足够的空间与灵活度，让孩子来把握日程表的内容。

→ **第二步：与孩子探讨确认各项活动与规则**

● 找一个合适的时间、场地与孩子单独讨论事先准备好的内容，如活动项目、表单和使用规则。

　　确认所有相关的信息、含义是孩子能清晰理解的。

● 请孩子看看是否有遗漏的活动项目，并约定暑假期间的任何时候都可以再次讨论确定增加新的项目。

● 最后由孩子确认是否还有需要修改的地方，并确认最终可以实施的版本。

既然请孩子参与讨论的过程，那么就要尊重孩子被赋予的权力，允许孩子表达不同的意见！

→ 第三步：让孩子做出承诺

既然我们希望孩子能认真对待这项活动，就要让他郑重其事地知道这不是一件闹着玩儿的事，所以有必要安排一个承诺仪式。我一直强调"仪式感的重要性"——仪式可以让孩子对接下来要做的事情抱有敬畏之心。同时，这会是孩子成长至今第一次代表自己做出正式承诺，我希望借此让契约精神在孩子的心里生根、发芽……

→ 第四步：准备各项材料

材料的形态、样式不重要。但是有两点需要注意：

- 易懂——让孩子一目了然
- 易用——让孩子轻松操作

把确认好的所有日程表元素制作出来，按照使用的需要，可以使用不同的材料来呈现：

- 承诺书与每日日程表——用 A4 纸打印
- 固定活动项目，比如生活惯例事件，可以直接固定在日程表上的相应空格里，代表不支持灵活调整，只能执行
- 其他活动项目，包括可以自行安排发生时间的学习惯例事件，以及所有孩子拥有一些自主安排决定权的事件，因为都需要灵活安排，所以要用可移动的材料来制作，最经济的方式是用带背胶的纸打印
- 活动性质标识和时长标识：用带背胶的纸打印，方便不会写字的孩子灵活地使用
- 白板和吸铁石：用于张贴每日日程，方便孩子随时查看、使用
- 文件夹：收纳承诺书以及已完成的每日日程，方便按周总结

→ 第四步：带领孩子严格执行

孩子终归是孩子，无论如何不要放弃自己为人父母的责任。再好的计划若不做执行，就是废纸一张，所以家长务必要监督、监督、再监督，带领孩子严格执行。

1. 这么复杂的日程表，适合给 5 岁的孩子做吗？

无论多聪慧的孩子，掌握一项新的技能都需要反复的练习。如果孩子从未受过任何时间管理相关训练，我觉得以 5 岁的年龄做这种尝试会有相当大的难度。

7、8 岁甚至更大的孩子，做这种尝试的时候，优势和劣势都相当明显：优势是，孩子大了，理解能力强了，在项目的执行与工具的使用上相对会少很多困难；但劣势是，大年龄孩子的自我意识也更强，在对价值的理解上又是似懂非懂，如果第一次接触这类工具，孩子的拘束感可能导致抵触情绪，所以让孩子使用工具本身的复杂性可能比年龄小时更大。

2. 真的需要每天都和孩子做 PDCA 计划与总结吗？

需要！ PDCA 本身是这个项目实施过程中的一个"仪式感"般的存在，它每天都在提醒孩子：这是一件重要的、正式的事情！

同时，作为日程规划，提前计划——按计划执行——执行后总结、调整，本就是一个完整的流程，家长可以通过每日的 PDCA 帮助孩子总结、分析计划的执行情况，给予孩子鼓励并给出调整建议，因此，必须每天都和孩子做 PDCA 计划与总结。

3. 如果孩子没有按计划执行，怎么办？

这是给 5 岁孩子做的大型时间管理项目，项目本身对这般年纪的孩子极具挑战性，孩子没有完全按计划执行的情况极有可能发生。所以我一直强调，在执行过程中，家长务必要监督、监督、再监督。如果执行的效果一直不理想，或许也需要家长暂停项目，根据实际情况分析是否要调整或降低计划的执行难度。

如何才能准时到达幼儿园？
——看得见的"突发事件"＆省出来的"学习时间"

"壹壹，快起床！再不起床，就要迟到了！"

"壹壹，快刷牙，牙膏都给你挤好了，快点啦！"

"壹壹，快吃饭，别磨磨蹭蹭的，迟到我可不管！"

"壹壹，快点换鞋，来不及啦，幼儿园要关门了！"

好不容易在催促中出了家门、急冲冲地赶到幼儿园，然后，很不幸……有时候，幼儿园的大门还是关上了。

我心里就纳闷："怎么娃儿越大，叫醒越难、做事越慢、出门越磨蹭了呢！"

到了冬天，这出催促大戏就变得更为激烈，我常常说完壹壹，心里就想，换了我是壹壹，肯定觉得烦死了，因为我自己说得都烦！

终于有一天，我受够了这出每日剧目，谁如果这时候来和我说"等等那只慢慢走的蜗牛"，我一定会把这锅鸡汤完完整整地倒泼给他。我要解决问题！我要改变这个让我抓狂的局面。

在一个阳光明媚的周末，我找来壹壹谈心。

激发解决问题的期望

"壹壹，每天早上为了让你能准时到幼儿园，我都要不停地催你，妈妈觉得很烦恼。"

"妈妈，你每天早上对着我说那么多话，我也觉得烦死了。"

"壹壹是不是也希望每天早上都不用听妈妈唠叨？"

"当然啦！"

"那我们一起来想办法吧！"

"可以呀！"

惯例为什么没作用？

"妈妈，我们不是有晨间惯例的吗？"壹壹还未等我开口，自己先想起惯例表了。

"我都按顺序做了呀！你为什么还说我？" 这张惯例表使用已久，壹壹已经用得非常顺手，也有实按部就班地在执行。那为什么惯例没有起作用呢？

"壹壹，你记得昨天你是几点起床的？"

"昨天？ 7 点不到我就起来啦，我被嘘嘘憋醒了。"

"那星期四呢？还记得几点吗？"

壹壹想了一会儿说不记得了。

"星期四，妈妈是 7 点 10 分叫你起床的，让你睁开眼睛花了 5 分钟，然后你在被子里又眯了 5 分钟，再然后你逗了会儿妹妹又花了 7、8 分钟，所以到你真正起床已经快 7 点半了。"

"啊？那么久啊？"壹壹听了一脸惊讶。

我朝她慢慢地点了点头。

"星期四，你 7 点 30 分起床；星期五你 6 点 50 分起床。壹壹数学很厉害的，算算差了多少时间？"

"10、20、30、40，差了 40 分钟！"

"如果壹壹的出门时间必须在 8 点 10 分，才能保证不迟到，多了或者少了 40 分钟时间做惯例表上的事情，一样吗？"

"那肯定不一样啊！"

"对了，那肯定不一样！所以，壹壹明白为什么你按照惯例表的顺序做事情了，但是有时候时间好像很够用、有时候时间却一点也不够用了吗？"

壹壹点了点头，却又好像似懂非懂。

我们可以怎么办？

"壹壹，想每天早上不再听到妈妈唠叨吗？"

壹壹如小鸡啄米般点头！

"那我们一起来给惯例表加点东西吧！"

"加什么？"

我拿出壹壹的暑假日程表，指了指说："加这个！"

"妈妈，我们是要写几点钟做什么，是不是？"

"聪明！妈妈给你点 100 个赞！"

151

迟到 = ？

一个没有时间概念的孩子，对"迟到"是没有感觉的。迟到可能只是妈妈嘴巴里的"狼来了"，可能只是幼儿园开个小门才能进。迟到了，又怎样呢？

迟到，是一个甚至让成年人都很困扰的问题。无论在职场还是与朋友约会，迟到的人往往给人留下不守时、没有时间概念、拖拉甚至没有责任心的印象。

尽管如此，我们成年人也很少能仔细分析到底如何才能不迟到。如何不迟到，往往只是一个笼统的设想，一旦发生一些突发事件，迟到也就无法避免地发生了。

无论是孩子还是成年人，缺乏时间管理的意识，就永远都不会想明白到应该如何通过控制自己的行为来达到准时的目标。而这，就是时间管理真正的价值。

如何分析

→ 第一步：理清事件

● 去幼儿园前，有多少事？

下图是以我家的情况为例的图示（每天我会骑自行车送孩子去幼儿园）。

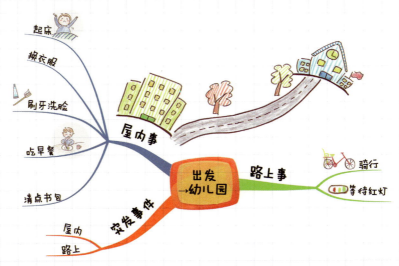

● 确定核心事件与重要惯例

- 起床——用时的长短差异可能很大，与习惯有关

- 吃早餐——花费时间最长

- 路上行程——变数最多

突发事件有什么？可能是牛奶打翻在身上了、突然想大便了、生病需要吃药等。在路上则可能遇到交通堵塞、雨雪天影响等。还有什么事情不在预期内呢？会不会是电梯人多，需要额外的 1～2 分钟？是下楼了才发现下雨，却没有带雨具？又或者是路上车胎突然爆了，不能正常骑行了？请务必记住：为突发事件预留时间是时间管理中非常关键的要素。

项目		
屋内事	起床	
	换衣服	惯例事件
	刷牙洗脸	
	吃早餐	
	清点书包	
	突发事件	
路上事	骑行	
	等待红灯	
	突发事件	
到达幼儿园		

→ **第二步：厘清时间**

上学地图

项目		时长	
屋内事	起床	0-15分钟	总时长 30-60分钟
	换衣服	5-10分钟	
	刷牙洗脸 (惯例事件)	5分钟	
	吃早餐	15-25分钟	
	清点书包	0-5分钟	
	突发事件	5分钟	
路上事	骑行	10-12分钟	总时长 15-20分钟
	等待红灯	2-4分钟	
	突发事件	2分钟	
到达幼儿园			

为突发事件进行配时，可以用总时长的一定比例，比如 10% 作为计算依据，但也要根据实际情况做出调整，比如：季节不同，换衣服需要的时间不同，夏季短一些，冬天则长一些，那么冬天对应的时间可能要适当放宽松一些。

→ 第三步：匹配事件与时间

不迟到 = 用预定的时间到达某地

在将事件与时间进行配对时，我们需要以终为始——以能在预定的时间到达某地为目标，从预定的时间开始倒推每一件事情开始行动的时间。

时间	项目	时长
8:30	到达幼儿园	/
+20分钟	路上事	15-20分钟
8:10	出发	/
+60分钟	屋内事	30-60分钟
7:10	起床	/

时间	项目		时长	
7:10—7:25	屋内事	起床	0-15分钟	总时长 30-60分钟
		换衣服	5-10分钟	
		刷牙洗脸 惯例事件	5分钟	
7:35—8:00		吃早餐	15-25分钟	
		清点书包	0-5分钟	
		突发事件	5分钟	
8:10	路上事	骑行	10-12分钟	总时长 15-20分钟
		等待红灯	2-4分钟	
		突发事件	2分钟	
8:30	到达幼儿园			

关键时间点： 7:25 / 8:00 / 8:10
即 7:25 必须起床， 8:00 必须吃完早餐， 8:10 必须出门

如何实施

→ **第一步：叫孩子理清各项事件并确认重要性**

● 和孩子列出从起床至到达学校的全部事情（包括其中已经形成的惯例事件）。

- 拿着时钟和事件清单，和孩子推演时间点是如何计算而来的。

带领孩子推演，让孩子自己找到答案——算出每个确切的时间点，孩子会更接纳这个自己得出的结论。如果是带领大孩子（8岁、10岁甚至更大）来做这个推演，则可以把推演的主动权交给孩子，越是成熟的孩子，越渴望由自己来安排生活。

→ 第二步：与孩子一起制定日程表

- 得到孩子的确认后，与孩子一起将讨论的结果做成日程表。
- 将日程表放在显眼的地方，在孩子还没有将行动内化成为习惯前，确保孩子每天都能看到日程表，并时时对照日程表，检查自己是否做到了。

→ 第三步：监督孩子严格执行

在孩子第一次成功执行后，及时给孩子反馈——肯定孩子的努力，鼓励他继续保持；如果孩子在执行过程中有疑问，要及时给予指导，帮助他找到解决问题的办法。

请记得，哪怕孩子已经对执行这个日程表非常熟悉，也应该定期和孩子做必要的回顾，确保日程表长期有效。

1. 出门上学都要这样计算时间，生活也太无趣了吧？

比起每天要催促孩子抓紧做事才能确保不迟到，这样的计算会不会更有意思？
比起每天因为要催促孩子而对孩子大呼小叫，甚至出口骂孩子，这样的计算会不会更有价值？
比起孩子长大成人后总为上班迟到、做事不守时而苦恼，这样的计算会不会更有意义？

2. 面对幼儿园小孩，大人控制时间不就行了，有必要搞得那么复杂吗？

如果大人能顺利地控制，恐怕这篇文章也就不会有了！很多时候，我们以为孩子的事情我们可以一手控制，但是真的控制得了吗？

当我们把孩子放在平等的位置，我们就不会轻言"大人控制"这四个字了！孩子参与决策的过程的确比我们成年人自己搞定要麻烦和复杂，但是孩子和我们也是一样的，他们对于如何安排自己的生活怀有同样的渴望，一个由他们自己参与得出的决策结果，一定是比指定给他们的一个"命令"更有利于他们去执行。

3. 你在这张表里，时间留得那么宽松，万一孩子很抓紧，岂不是浪费时间？还不如让孩子多睡一会儿。

壹壹一直有 "15 分钟英语晨读"的习惯，这个习惯让我身边的其他妈妈很是羡慕，却又纷纷摇头表示：她们没有时间。其实，这就是我们执行这张日程表带来的"红利"，因为时间留得宽裕，所以紧凑执行的话就会有时间被挤出来，这额外的时间就被我们用来作为学习时间。

时间管理的结果一定不会是浪费时间，而是对所有时间、尤其是碎片化时间的最有效使用。

单元 11

给 6 岁后的孩子

6 岁孩子的特质

正所谓躲得过初一、躲不过十五。在养儿这条路上，躲得过令人头痛的 2 岁，也躲不过 6 岁。

6 岁，或者是 5 岁半以后，那个可爱、甜美的小天使可能有一天突然就不见了。他开始更加以自我为中心，好动、粗野，软硬不吃，因为他 6 岁了，开始进入暴风骤雨般的人生"第二叛逆期"。

时间管理训练的重点

经过 3 年循序渐进的时间管理训练，是时候尝试综合地运用各种时间管理工具了。其实，任务清单、管理表、日程表本质上是同一种工具，是我们为了实现特定的训练目标，有意拆分以示区别。

因为孩子在这个阶段开始更加以自我为中心，而孩子本身已经具备一些初步的时间管理能力，父母可以有意识地从这个年龄段开始，让自己的角色后移，将一些决策的主导权逐渐交给孩子。请注意，父母并非完全放手不管，而是从主导渐渐转为辅助。一个更有自我意识的孩子，可能会很反感强加于他的"责任"，但却会很在意自己决定的事情。

此外还要强调一点，这里的 6 岁孩子指的是经过了 3 年时间管理训练的孩子，而不是一个自然状态下的 6 岁孩子。如果这是一个对工具没有认知的正处于叛逆期的 6 岁孩子，仓促间，一堆陌生的工具一股脑儿地砸在他身上，那结果几乎已经可以想象到——训练会变成一场激烈的斗争！

打败吃时间的怪兽——步骤细分器

"我的铅笔盒呢？做作业的时间到了！妈妈，快帮帮我！"

"妈妈，快帮我找橡皮，定时器马上要响了，我还没做好！！"

"妈妈，iPad 呢？哦，你等会儿开始计时好吗？哎呀，我的防蓝光眼镜呢？哎呀，快帮我找呀！我快没时间了……"

……

这是经常在我家上演的戏码，可以想象那种兵荒马乱、鸡飞蛋打的情形吧！长此以往，还真是个事儿！

于是，我决定带壹壹好好研究一下这个"时间去哪儿了"的问题！

找到吃时间的怪兽

"壹壹，是不是觉得 iPad 没玩够？"

"嗯！我才玩了 2 局！才 2 局！"壹壹激动地向我伸出两根手指。

"嗯，壹壹还想继续玩，可是发现时间到了，对吗？"

"嗯，妈妈，你看看是不是定时器坏了？它怎么那么快就响了？我才玩了 2 局！"

"壹壹，去取眼镜的时候，妈妈是不是已经计时了？"

"是的！妈妈，你以后等我拿好眼镜再开始计时！"

我没搭理壹壹，继续说："你是马上找到眼镜就会回来的吗？"

壹壹看了看我，摇摇头："我找不到！"

"你试着喊一声'眼镜眼镜，快出来，我在找你呢！'眼镜会不会自己跑出来？"

"哈哈，怎么可能！"

"用嘴巴，是找不到东西的吧？"

"我叫你们帮我找的，你们不理我！"

我没接壹壹的话茬，只是看着他。

壹壹又说："是外婆帮我乱收的！"

我保持沉默，看着壹壹。过了会儿，他低着嗓门说："可能是我自己忘记放在哪里了吧。"

"如果壹壹每次都能很快找到眼镜、iPad，是不是就能玩稍微多一点的时间？"

"是啊！"

"壹壹觉得自己的东西，是自己收比较容易找到还是别人收容易找到？"

"肯定是自己咯。"

"那如果，壹壹每次自己把东西收好了，是不是就不用花很多时间去找东西了？"

"哦，应该是的吧。"

"因为乱扔所以要找东西、因为找不到东西要发脾气，这些事就像是吃时间的怪兽，把你玩游戏的时间、做作业的时间都浪费掉了，你觉得是不是这样？"

"啊？怪兽？我要打败怪兽！"

步骤细分器

"妈妈送你一个打败怪兽的武器，要不要？"

"哇，什么武器？双节棍吗？"

"呵呵，当然不是，是这个，妈妈叫它'步骤细分器'，我们一起试试？"

"好呀好呀，步骤细分器，听上去好高级啊！"

"步骤细分器，就好像一个食物粉碎机加一个生产线履带，我们把一件事情像一个苹果一样扔进步骤细分器里，拆分完了，履带就会把苹果分成小块，一块一块按顺序运送出来。"

接着，我们开始以"屎尿屁"为例，讨论"大便步骤"。经过一番热烈的交流，我们达成了初步的共识，即拉便便需要按顺序做至少8件事情，如下图所示：

"哇，好多呀。"

"嗯，是吧！如果还要再仔细想想，洗手也有很多步骤是不是？"

"我来说，我来说，开水龙头、把手冲湿、涂肥皂、搓手、冲洗干净、用毛巾擦干。妈妈我说的是不是都对？"还没等我回答，壹壹自己马上说："我们幼儿园里有洗手的步骤图的！"

"壹壹真棒！所以如果还要再算上洗手，拉个便便起码有 14 个步骤要一个一个完成。妈妈的这个步骤细分器，是不是很厉害？可以把一件事情分出那么多步骤来！"

"嗯，好有趣哦！"

"那我们现在来看看，怎样用步骤细分器，去打败怪兽吧！"

"好啊好啊。"

打败吃时间的怪兽

"壹壹觉得吃时间的怪兽经常在你做什么事情时出现？"

"玩 iPad ！"

"OK，那我们现在就用步骤细分器来看一下，玩 iPad 需要按顺序做哪些事情？"

壹壹有了前一次的经验，这次说话前先想了会儿："戴眼镜、拿 iPad、找到我要玩的游戏玩、定时器响了收好 iPad。"

"嗯，听上去还不错，不过好像还缺了些吧？"

"嗯……妈妈，你按定时器算不算？"

"算啊！"

"嗯，所以再加上按定时器就搞定了！"

"壹壹，想想你的找眼镜怪，打败它了吗？"

"妈妈，你等我找到眼镜再按计时器嘛，我一直跟你说，晚一点算我时间的！"

"嗯，这好像也是个办法。可是，壹壹，你发现了吗，你经常要找好好久久的眼镜，因为找不到眼镜还要发好久好久的脾气……"

壹壹不做声。我觉得还是要启发他一下，"你想想，收好iPad能不能做点什么，下次玩iPad前就不用找眼镜了？"

"啊！对哦！我想到了一个非常非常棒的办法！"壹壹兴奋地说，"我把眼镜和iPad放在一起！下次就肯定不需要找了！"

"万一，你忘记了眼镜和iPad被放在哪里了怎么办？"

"我把它们放在电视柜上的CD机旁边！"

"OK！壹壹，请你再完整地说一下你玩iPad的步骤吧！"

"设置定时器、戴眼镜、拿iPad、找到要玩的游戏玩、定时器响了收好iPad、最后把眼镜放到iPad上，一起放到电视柜上的CD机旁边！"

"嗯，一共6只怪兽，我们一只一只打败它们吧！"

时间管理的价值

上文似乎是富有些跑题的文章，但我却认为非常重要篇。浪费时间的事情千千万万种，最痛苦、最无奈的是找不到解决的办法。细化步骤，就像是做一张"微缩景观版"的惯例表，对一件看似已经很"小"的事情不断推近景、再推近景，找到被忽略的细节行为，然后明确行为、固化顺序！

只有让孩子学习事情步骤的绝对细分，那么才有机会让他体验到：

● "步步为营"的价值：细化步骤以确保有效达成结果

● 以终为始的价值：以解决某个难题为目的，找到解决它的方法

一个善于细化步骤的人，不仅能控制自己的行为及结果，还会具有非常强的传授能力：只要他自己会做，就能让他人也一步一步地复制出他的行为，以达到同样的结果。

如何分析

→ 第一步：找到问题

做练习、玩 Pad 的时间不够用，是因为花了很多时间在找东西、甚至是因为找不到东西而发脾气，我们要解决的问题是什么？

● 如何更快地找到东西？

● 如何不轻易发脾气？

● 怎么做，才能不把时间浪费在找东西上？

每一个问号的背后都有一个对应的解决办法，关键是我们认为哪一个是最核心的、最优先需要被解决的问题。我的选择是最后一个问题——怎么做，才能不把时间浪费在找东西上，因为解决了它，就不会因为找不到东西而发脾气、更不需要去想找东西的办法，这是比另两项，更本源的问题。

→ 第二步：找到解决办法

不乱放，自然就不需要再找了，收纳是解决问题的重要因素，所以需要引导孩子理解东西必须被放在一个固定的地方。但仅仅做到这点还不够，他还必须明白：如果没有把东西放到固定地点这个动作，那么那个固定地点也是没有意义的。

因此，我会教孩子固化步骤，比如每次做某件事情，就需要一步一步地按既定的步骤做下来，而"把东西收纳到固定地方"会是这个固化步骤中最后也是最重要的一步。

如何实施

→ **第一步：激发孩子产生解决问题的意愿**

如果孩子自己没有觉得"浪费时间"是一个需要被解决的问题，那么你给他再多建议、办法，对他而言都是你强加给他的一种要求。

要让孩子看到，这个问题没有被解决时给他带来的麻烦、挑战；要让孩子憧憬这个问题被解决时给他带来的价值、好处，自然地，他就会愿意主动解决这个问题，因为他自己会是问题解决后最大的受益者。

→ **第二步：教导孩子细化步骤的方法**

在我们的固定思维中，那些约定俗成的事情都是很"简单"的，比如上厕所、洗澡、吃饭、睡觉，但细细想、再细细想，就会发现再简单的事都是由一连串的行为组合成的。这种细化步骤的能力或者方法，可能早就被我们自己忽视或者遗忘了，这也是很多时候我们觉得很难教别人学会做一件事情的原因之一。

要从孩子最熟悉的事情着手，引导他一步一步地去思考，拆解出整件事情的所有步骤，然后像拼图一样，把所有的步骤一步步地组合起来，最终看到整件事情被完成。请务必注意，尽量让孩子自己思考得出过程中所需的所有步骤，只有这样，才能让孩子真正学会用合适的方法自己找到答案。

→ **第三步：引导孩子将方法用于解决问题**

要找到一件具体的事情，带领孩子去细化步骤，如果孩子忽略了最需要解决的问题，必须引导孩子看到它并且想出自己需要做什么才能真正解决这个问题。

→ **第四步：使用有效的工具，让方法真正奏效**

如果这些步骤没有在孩子的脑海里固化，就需要用看得见的工具来不断提醒孩子：就像使用

惯例表时一样，所有的细化步骤，应该被记录下来（无论用文字、图画或者照片），然后张贴在显而易见的地方，以便时时对照自己的行为是否达到要求。

 **第五步：提醒孩子执行**

如同执行所有工具一样，当孩子忘记按要求执行时，家长要不断去提醒他看到要求，请记得，不要说太多，只需要提醒他去看！

1. 什么情况下需要带领孩子做细化步骤？每件事情都这么做，好像不太现实吧？

确实，我也不认为每一件事情都有必要带领孩子去做细化步骤，但在以下两种情况下，细化步骤对孩子真正学会做一件事情是非常有帮助的：

● 学习一项新技能（事情）

一件在我们眼里并不复杂的事情，或许对孩子而言并不能一下子学会、做成，但是当我们把这件事情的步骤拆解清楚，让孩子对照每一个步骤去执行，学习的难度自然就降低了，学习的过程会变得非常具体，孩子可以不断看到自己的进步，令他很有成就感。

● 解决一件长期困扰他的事情

就像本章先前故事里所说的那样，我们家的孩子总是丢三落四，因为找东西而浪费时间，类似这样的事情，可以通过细化步骤来帮助孩子找到解决问题的具体方法。

2. 细化步骤是不是太过于专注细节？长此以往，孩子会不会变得非常死板？

细化步骤与关注细节并不相同，让孩子做细化步骤是希望孩子学着立足结果去看过程，而非纠结于每一个细节，尤其是与结果无关的细节。把与结果息息相关的行为步骤分解清楚，才能真正有效地把每个动作都执行到位，或者找到解决问题的具体办法。

当我们的孩子长大成人，这会成为他在职场中非常重要的一项能力，不仅有助于他自律地做出使他达成目标的正确行为，更能帮助他精确地教导他人掌握正确的做事方法，并且达到同样的结果。

两个孩子的家务活——兄妹协作任务清单（To Do List 4.0）

我一直想尝试分一些我的职责给壹壹，刺激他更有效地掌握时间管理的各种技能，而我们家有妹妹，正好有这样的条件让他去尝试。但是，要找一个合适的契机让他尝试，最好是由壹壹主动发起这项尝试！

契机出现了

"妈妈，洗碗很有趣啊，我想试试！"

"哦？你有兴趣试试？"

"可以啊！"壹壹像模像样地学着我们平时的做法，卷起袖子，往百洁布里倒上洗洁精，打开水龙头，然后乐呵呵、像模像样地开始洗起碗来，居然没有发生我所担心的摔破碗的事情。

嗯，看来是可以开始家务活计划了！

两个孩子的家务活

"壹壹，你觉得自己有没有能力做一些家务？"

"当然咯！"

"你觉得，可以做些什么呢？"

"我会拖地板，会洗碗！"

"哇，好厉害！"

"我还可以扔垃圾、浇花，我会的事情可多了！"

"那你觉得妹妹可以做什么呢？"

"她啊？她什么都不会！"

"你可以教她，或者带着她做啊！"

"嗯，我可以教她的，她听我的！"

于是我和壹壹讨论，他和妹妹可以做些什么家务活。一开始我还担心内容安排得太枯燥，所以给他们两个都布置了多个任务，只是妹妹的任务都需要跟着壹壹来做。壹壹看了，和我说："妈妈，□妹还是就扔垃圾好了，她不会擦桌子的，她手那么短，只能擦自己面前的一小□□□；□也不会浇花的，肯定要把水洒得一塌糊涂的。"

我听□□到□觉□挺有道理，于是经过一番讨论，我们达成了共识。

接着，□□□□一起动手，把表单做成了我们还有妹妹都喜欢的样式。然后我告诉妹妹，哥哥会开□带□做□务。妹妹虽然不明白我们在做什么，但是也很开心，嘴里嘟囔着："妹妹，扔垃□！"□□□接受任务！

时间		哥哥的工作		妹妹的工作	
星期一	晚餐后	洗碗·扔垃圾		扔垃圾	
星期二	晚餐后	浇花·扔垃圾		扔垃圾	
星期三	晚餐后	洗碗·扔垃圾		扔垃圾	
星期四	晚餐后	浇花·扔垃圾		扔垃圾	
星期五	晚餐后	扔垃圾		扔垃圾	
星期六	起床后	整理书架		收拾玩具	

固定底板
（To Do / 待完成）

活动标记
（Done / 实际完成）

如何执行

由于壹壹□工具的熟悉度已经很高，所以最大的挑战是教妹妹使用工具。一开始，他对于承担□□□□，觉得很新鲜、很有自豪感，但时间一长，就开始觉得麻烦，他常常说："妹妹太笨了，□□都不懂，带着她，还不如我自己做呢！"

"壹壹，是不是发现教妹妹做，比你自己做更麻烦呢？"

"是呀，她都不听我指挥的！"

"壹壹一般都是怎么教妹妹的呢？"

"嗯……我会教她'妮妮，现在跟哥哥去扔垃圾！'然后她也不拿垃圾，就准备直接出门了。扔完垃圾，她又总是不记得去贴任务卡，我就直接帮她贴好算了！"

"壹壹，要不要试着拿起武器？"

"哪个武器？"

"步骤细分器啊！"

"啊？妹妹学不会的！"

"我们试试看嘛！壹壹，你先说说，妹妹和你去扔垃圾，会有多少个步骤？"

"让我想想哦！"壹壹很快想出了这些步骤：换鞋子、拿垃圾、开门、把垃圾扔进垃圾桶、回家关门、换鞋子、洗手、贴任务卡。"肯定一步都没少！"

"壹壹，赞！妈妈好像也想不出还有什么步骤了。那么扔垃圾是你和妹妹一起去做的，两个人在一起，有些步骤不需要两个人都做的对吧？想想你和妹妹的步骤会有什么不同？"

"妹妹不用换鞋，回家后外婆会给她擦，所以妹妹第一步是拿垃圾，然后我开门，叫她一起去扔垃圾，我再关门，最后我们一起去洗手，再一起去贴任务卡。哇，妈妈，我发现妹妹只有4件事情要做哎，拿垃圾、扔掉垃圾、洗手、贴任务卡！"

1	2	3	4
捡垃圾	扔掉垃圾	洗手	贴任务卡

"对呀，█████你是不是更容易带她做到这些事呢？"

"嗯，确仁是█！"

一段█百以█，兄妹俩配合得越来越有默契，每个周末看到工作表上被贴满了花花绿绿的任务卡，两个小朋友都成就感满满！而在这个过程中，壹壹的心里埋下了一颗"教授——██——监督任务的执行"的小小种子，一颗或许连他自己都还没有看见的小小种子。

时间管理的价值

这次的工具应用是从老大——这个从小使用时间管理工具的孩子的角度出发的，他自己使用这个工具的难度是非常小的，但是让他尝试接管父母的职责——教授、示范、监督，带领他人一起完成任务，就是一项非常大的挑战了，而这种传授技艺、监督他人执行的机会，却能大大地提高他的时间管理能力，并且使他将这种能力进一步内化。

如何分析

→ 第一步　看认对象

这套工具的目标对象是那个经过多年时间管理训练的 6 岁孩子，而非另一个 2 岁的初次参与者。因为这两个对象的年龄、能力差异是非常大的，如果存在能同时训练两者的工具，那么这样的工具必定会复杂，训练的焦点也容易模糊。

→ 第一步：确认目标

在明确了对象之后，就能确认目标了——让孩子在一个对他本人而言执行难度较低的项目中，承担对他人的"类成年人职责"，即教导、带领他人共同进行时间管理，以帮助孩子更深层次地理解工具的要点，提升他的时间管理执行能力。

→ 第二步：确认核心内容

可以传授的内容有很多：比如教授如何做决策、如何参与制作工具，但是显然这些都不适合拿来让一个6岁孩子教2岁孩子去尝试。因为小小孩往往是大孩子的"跟屁虫"，于是我把核心内容确定为两个孩子一起做事，大孩子把做事的步骤细化、带领小小孩一步步执行完毕，这就是大孩子的言传身教了。

→ 第一步：与大孩子讨论任务项目

请大孩子说说他和他的"小跟班"可以做什么样的家务，有时候小哥哥（姐姐）对弟弟（妹妹）的能力认知，可能比大人更精准。如果老大的能力或年龄已经达到一定程度，建议在讨论的过程中，尽量地把主动权交给他，这样能让他对这个项目更有主人翁心态。

→ 第二步：与大孩子讨论带领小小孩的方法

在与大孩子预演执行过程时，可以与他讨论小小孩可能会给他带来怎样的挑战，而大孩子可以用怎样的方法来应对这个挑战。细分步骤是老大熟悉的工具，他自己完全可以体会这个工具带给他的执行上的便利，因此经过指点，他会很快学以致用——用到他的弟弟（妹妹）身上。但需要注意的是，孩子与成年人的能力毕竟不同，因此需要尽量给细分步骤做减法，孩子的年龄越小，步骤越要控制数量，以3~5个为宜。

→ 第三步：选择适合于两个孩子共同使用的工具

因为是两个孩子要共同使用的工具，所以一定要确保 6 岁的孩子能顺利地带领弟弟（妹妹）一起执行，还要对工具保持新鲜感，同时也要让 2 岁的孩子能看得懂，至少能在哥哥（姐姐）的带领下跟着做。

"上墙"的大型工具，对小孩子总是很有吸引力，和书中前几篇提到的工具选择的原则一样，要尽量选择有趣的载体、具象的形式，图画、照片都是不错的选择。

→ 第四步：邀请小小孩参与活动

因为有大孩子来带领，小小孩对参与这样的活动往往都跃跃欲试。但是需要向两个孩子强调，这是交给他们一起完成的任务，大孩子在过程中要帮助小小孩，在给小小孩树立榜样的同时，也要给予小小孩安全感，让小小孩明白有哥哥（姐姐）陪着他（她）一起做。

→ 第五步：执行过程中，给予两个孩子必要的监督和足够的支持

从带领到放手，是需要过程的。在尝试的早期阶段，父母并不适合抽离，而应该陪着两个孩子做一段时间，等到他们两个已经磨合得很顺畅，就可以远远地旁观。除非孩子需要你提醒或者向你求助，否则就做个"甩手掌柜"，放心地把任务交给孩子们。当两个孩子可以互相协助地执行，甚至共同去解决困难、处理矛盾的时候，两个孩子就都获得了一种非常宝贵的成长经历。

171

1. 孩子才 6 岁，能教小小孩吗?

孩子的能力是日积月累养成的，我一再强调，这是一个经过多年时间管理训练的 6 岁孩子，在时间管理上是有足够积累的。让孩子试试又何妨? 或许有意想不到的惊喜呢? 成年人往往容易忽视和低估孩子的能量，因为我们很少给孩子机会去发挥、展现他们所拥有的能力。

在让孩子尝试的过程中，父母可以根据孩子实际的情况，决定自己到底要不要"下水"或者只是"涉水"，如果孩子有能力做更多，你就适当地离得远一些; 如果孩子能力还不足，你就靠近一些，给予必要的支持。能力是需要通过实践来获得提高的，知易行难，实践的价值不言而喻。

2. 孩子才 2 岁，真的能参与吗?

客观地讲，如果这个 2 岁的孩子是家庭中唯一的孩子，我并不建议他直接参与这样的活动。可以作为一次家务的体验，但作为时间管理训练的话，2 岁还是太小了。

不可否认的是，二孩家庭或者多子女家庭的情况是和独生子女家庭有差异的，老二有老大这个榜样，他们的能力发展确实可能会比同龄的独生子女要早一些。而且，只要方式得宜，时间管理工具并不高深莫测，还是可以尝试的。

另外，心态很重要。家长可以让老二知道，这样的活动就是一个熏陶游戏而非时间管理训练。目标不同，看待某件事的心态就不同了，对难易自然也会做出不同的判断。

古堡骑士探险记——30 天双语独立阅读计划（Schedule 3.0）

成败皆有的阅读计划

在壹壹5岁多的时候，我曾经有过两次阅读计划的尝试，一次失败了，一次成功了。

第一次尝试是52周英语阅读书单，一开始我们兴致勃勃地打算完成52周阅读计划，结果坚持到第4周时缴械投降。英语启蒙阅读，需要父母参与的程度比较高，孩子的英语能力越强，父母需要做的投入就越多；如果要做精读，对父母精力的投入与孩子吸收理解的要求又进一步提高，如果只是做泛读，每周阅读的书籍数量又满足不了孩子的需求。总之，我们的尝试失败了。

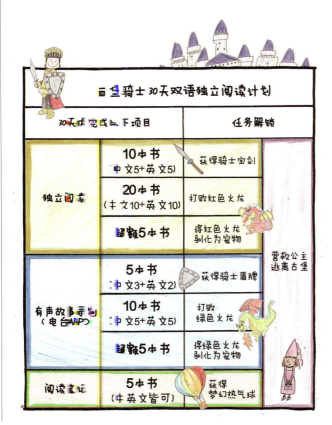

隔了几个月后，我们又做了第二次尝试，这次是中文阅读计划：在一个月时间内，壹壹可以自行决定阅读什么书，每周的阅读数量为15本；同时由于壹壹早已能独立阅读绘本，所以对他提出的额外要求是15本书内必须有7本是自主阅读。这个计划的实施比较顺利，通常每周的阅读量都在20～30本。

有了这两次尝试经验，我决定静待花开。转眼壹壹6岁半了，对英语阅读突然开窍，那个在我脑海里盘旋很久的英语阅读计划的念头又开始蠢蠢欲动了。我决定启动30天双语独立阅读计划。

我把探险图（右图）摆到壹壹面前，他的脸上写满了好奇、兴奋，跃跃欲试，"妈妈，怎么玩，快讲给我听、快点！"

壹壹本来就是个小书虫，看书对他绝非挑战，所以那些与阅读相关的"数字目标"并非是我的训练目标。真正的目标是让他学习拆分目标、分步骤实施，然后达成最终目标。那么如何让他理解拆分目标的价值呢？我决定让他先"吃点苦头"。

让孩子试错

"壹壹，这是一个由你来扮演骑士，拯救被困在城堡里的公主的任务！"

"哇，好高级啊！"

"在正式做这个任务前，你还有个任务要先完成！"

"啊？那么有趣的任务，还不能做啊？"

"嗯，你要先完成任务获得骑士铠甲。"

"是不是有披风的那种？"

"哈哈，是啊！

"我知道了，妈妈，那我要做什么才能拿到骑士铠甲呢？"

"这是接下来5天里你需要完成的任务，其中有声故事的录制和阅读笔记由我来配

合你完成。每天下午5～6点，你准备好了就可以来找我陪你做任务，其他时间里，我会拒绝你的请求哦。"

"每天只有5～6点可以来找你录音或者做笔记，对吗？"

"嗯。是的。"

"这很容易啊，我肯定能完成的！"壹壹信心满满地打算接受挑战。

接下来的日子里，我没有主动提醒过壹壹应该要做任务了，并且也没有提供任何额外的辅助工具给她。

第一天：壹壹飞快地读完了4本中英文书，并且要求录音，结果在规定时间内，因为对故事的熟悉度不够，录音失败。

第二天：壹壹试图直接尝试完成4个故事的录音，结果只磕磕绊绊地完成了其中1个中文故事。

第三天：罢工。不看、不听、不录音。

第四天：壹壹开始听英文音频，勉强完成了其中1个英文故事的录音。

第五天：在规定时间内好不容易完成了1个中文故事的录音，然后发现自己已经没有多余的时间来完成双语故事录音和阅读笔记了。

面对挑战失败，壹壹先是很生气地表示不好玩，不玩了；然后又不甘心地开始嚎啕大哭，坏情绪汹涌澎湃而出……

接受失败

挑战失败后的第二天，壹壹的情绪已然平复，于是我打算和壹壹好好分析一下原因。

"壹壹，我们一起来想想，这5天里，你为了得到铠甲，都做了些什么吧？"

175

"我都做了呀，我看书了，也听音频了呀，也录音了。妈妈，你为什么不让我录音？还有，你为什么不提醒我做阅读笔记？"

我没回答壹壹，而是继续问："壹壹，如果再给你5天，你觉得你可以怎么做？"

"我不知道。我做不来。"壹壹有些灰心。

我开始和壹壹慢慢分析，比如：

● 中文书对他而言难度相对小，但是录音前他必须提前把不认识的字都和我确认一下。

● 英文书只听1、2遍音频就想录音是不现实的，所以一定要在录音前，留出充足的时间来听音频。

● 阅读笔记的任务容易被忘记，要想办法用工具来给自己做提醒。

● 我提供给他的配合做任务的时间有限，所以，这些时间要用得充分，不能浪费。录音任务一直因为不熟悉、不认识生词而做不下去，这就是一种时间浪费。

● 发脾气罢工，最终浪费的是他自己的时间与机会。

壹壹听得似懂非懂，但至少这样一来，他明白，看似简单的5天任务，完成难度都那么大，如果直接去尝试30天的任务，恐怕是很难完成的。他需要帮助。

目标拆分

"妈妈，那我做不成骑士了！我不行。你能帮帮我吗？"

"壹壹，你行的，只是你需要再学会使用一种武器。"

"什么武器？"

"任务分解器！"然后我开始手把手带着壹壹尝试

任务分解器

任务分解

任务分配

完成每册书
— 需要做什么
— 需要多长时间

中文书 - 2天
＊阅读5遍
＊单册阅读5分钟＊
＊确认生字读音

听&看

英文书 - 3天
＊听音频阅读5遍
＊正确大声朗读3遍
＊单册阅读5-10分钟

说
10-15分钟

"写"
15分钟

D1 阅读2本中文书、2本英文书

D2 ＊阅读4本中、英文书
＊确认1本中文书生字读音

D3 ＊阅读2本英文书
＊确认1本中文书生字读音
＊录制1本中文书故事音频

D4 ＊阅读1本英文书
＊录制1本中文书故事音频
＊录制1本英文书故事音频

D5 ＊录制1本英文书故事音频
＊ "写" 一篇阅读笔记

去拆分他的任务，最终他得到了一张任务表——清晰地告诉他 5 天时间里，每天他都需要完成什么具体的任务。

"哇，妈妈，我知道每天要做什么了！这下，我肯定行了！"壹壹再次显得信心满满。当然，结果，他自己是做到了！

尝到了任务分解的甜头，在正式开始阅读计划前，壹壹主动找我帮忙为他拆分 30 天的阅读任务，我们在 5 天版的任务分解器基础上做了最简单的一种调整：以 6 天为一个阶段，前 5 天的任务分配保持不变，每一个第 6 天都不会安排具体的任务，作为机动的时间，应对前 5 天可能由于意外情况导致没有完成任务的情况，同时利用这一天来做回顾和总结，为之后的计划进行做一些必要的调整。

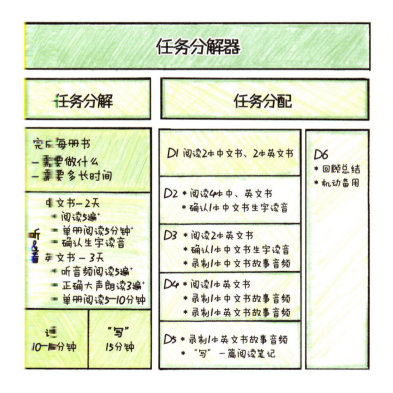

欢庆仪式

骑士带着公主和宠物，坐上热气球腾空而起！

当第 30 天到来的时候，我们安排了一个小小的欢庆仪式，壹壹得到了一枚骑士勋章，然后"古堡骑士行动地图"被郑重地从墙上取下装入盒中给他留作纪念。

壹壹的 30 天双语独立阅读计划，成功！

时间管理的价值

这是孩子第一次尝试大型项目，一个庞大、复杂的目标无论对于成年人还是儿童，执行的难度都是显而易见的，但是如果只是达成其中的小目标，可行性还是很大的。"以终为始"是这张日程表的训练重点——以完成最终目标为目的，细分确认出每日的行动目标，通过自律地执行细分目标，确保最终目标的顺利达成。

这种在目标达成上的控制力，在未来的个人规划（生活、职业）、项目管理、日程安排上都是极为重要的能力。

如何分析

时间要求 \ 任务要求		30天
听&看	独立阅读	10本书(中文5+英文5)
		20本书(中文10+英文10)
		超额5本书
说	有声故事录制（电台APP）	5本书(中文3+英文2)
		10本书(中文5+英文5)
		超额5本书
"写"	阅读笔记	5本书(中英文皆可)

→ 第一步：明确目标

最终目标：30 天内完成 30 本书的看、听、说、"写"四个方面的任务。

单册书		听&看	说	"写"
中文书	2册	◆阅读5遍+ ◆单册阅读10分钟+ ◆确认生字读音	10-15分钟	15分钟
英文书	3册	◆听音频阅读5遍+ ◆正确大声朗读3遍+ ◆单册阅读5-10分钟		

→ 第二步：分解目标

分析确定每册书籍的看、听、说、"写"任务的要求以及大致需要的时长。

→ 第三步：形成每日任务

被分解后的目标会变成具体的每日任务，同时全部日程可以根据需要切分成若干个日程段。

在每段日程的结尾增加回顾总结的安排，分析这一阶段任务执行的情况，并及时对后阶段任务执行做出调整，所以每日任务并不是"死"的，可以不断调整。

另外，越是大型的、多任务的项目，越不适合将时间排满、排死，因此在每段日程的结尾应当留"白"、作为机动备用的时间，以应对此前可能因为各种原因导致的任务未能及时完成的情况。

	Day1	Day2	Day3	Day4	Day5	Day6
看-听						- 回顾总结 - 机动备用
说						
"写"						

	Day7	Day8	Day9	Day10	Day11	Day12
看-听						- 回顾总结 - 机动备用
说						
"写"						

	Day13	Day14	Day15	Day16	Day17	Day18
看-听						- 回顾总结 - 机动备用
说						
"写"						

	Day19	Day20	Day21	Day22	Day23	Day24
看-听						- 回顾总结 - 机动备用
说						
"写"						

	Day25	Day26	Day27	Day28	Day29	Day30
看-听						- 回顾总结 - 机动备用
说						
"写"						

如何实施

→ 第一步：确认任务内容

当孩子的年龄与时间管理能力适合尝试大型、复杂的项目时，不妨大胆试一下，这或许会让他的技能又上一个新的台阶。但无论是使用哪一种项目作为挑战任务，比如阅读、练琴、下棋等，都应该充分考虑自己孩子当下的状态与能力水平，"跳一跳、够得着"的目标，才是好目标。

当孩子初次尝试这样的大型项目时，训练的目标是"以终为始"地去控制目标的分解与实施；如果孩子对这样的项目执行已经驾轻就熟，目标就可以逐渐转换到任务内容本身了，比如更自律地有效阅读、更自律地练琴等。

→ 第二步：确认并制作道具

大型工具的视觉冲击力肯定更大，选择一个能抓住孩子眼球的题材，会让工具的使用事半功倍，不等你招呼，孩子就已经不自觉地被吸引，对达成工具上的目标跃跃欲试。

在选择道具时，不妨天马行空一些，最好能根据孩子那个阶段的关注点来做出选择，所以一定要在生活中留意孩子最近喜欢的是什么。一个孩子眼里过气的题材，是无法吸引孩子的。

→ 第三步：帮助孩子理解目标

帮助孩子理解项目的最终目标是什么，包括每一个单项的要求，确保孩子不会因为对目标有疑问而导致执行不出结果。

帮助孩子将大目标细分成小目标，使得目标更清晰、更具有每个阶段的可实现性，确保孩子有信心去尝试达成目标。

→ 第四步：根据细分目标形成每日行动计划

所有的行动都以实现最终目标为第一原则，因此在明确目标后，要帮助或引导孩子（取决于孩子的年龄与能力）根据细分后的目标，做出具体的每日行动计划；大型项目中，最好能将日程拆分成几个阶段，以便不断地根据一个阶段的执行情况对后期行动做出调整。

→ 第五步：时给予孩子支持与提醒

在孩子执行过程中，当他遇到任何困难，只要孩子需要帮助，就应该及时给予支持；当孩子懈怠或者有言者、执行不力时，应该给予必要的提醒，如当下提醒无果则不必多言，可以利用每一个阶段的回顾总结环节让孩子发现问题，并且利用具有"机动备用"功能的总结日，对各阶段的执行进度做出弥补。

→ 第六步：庆胜利的仪式

以一个双手和的仪式作为初次尝试大型项目的结束，会让孩子对执行一个复杂的项目、达成极富挑战的目标记忆深刻，会更加激发他未来接受挑战时的自信心——相信只要找到合适的方法就一定可以达目标，这些都是极为有意义的。

1. 这个项目有那么多的"旁支"任务，对 6 岁孩子而言是不是太复杂了？

这个项目确实不简单，虽然所有的任务都是围绕着阅读开展的，但需要采取的行动方向是不同的，而且加上了时间、数量的要求，使目标变得繁复、庞大。因此必须强调的是，要充分考虑孩子的年龄、心智、能力、习惯状态来决定项目的内容。父母是最了解孩子的人，做项目是为了训练孩子的能力，不是与他人竞赛，所以做出最适合自己孩子的选择才是最明智的！

2. 如果我只是想用这个方法来引起孩子的阅读兴趣，可行吗？

如果孩子不喜欢阅读，用这样的方式可谓锦上添花；但如果孩子的阅读习惯并不理想，我想这样的方法或许的确有机会引起孩子的兴趣，但是应该考虑适当降低难度——比如缩短项目周期、降低数量要求或者减少项目种类。

同时，用"以终为始"的思维来看，当我们把项目的实践目标从使孩子通过大型项目来学习分解目标，转换为引起孩子的阅读兴趣，需要采取的行动也应该随之变化，关注的重点也应该在阅读上，让孩子通过不间断的阅读体会阅读之美、之趣、之乐，同时通过工具让孩子看到"积跬步以至千里"，不断产生成就感，这对阅读习惯的建立或许也是一种推动。

3. 对那些虚拟的任务目标，孩子真的会有兴趣吗？

成年人在玩电子游戏时，对那些冲关、奖励、排名会不会有兴趣？

与冲关、奖励、排名一样，骑士、公主、火龙都只是一个符号，这种符号可以是任何孩子当时最感兴趣的题材的相关符号，只要选择是正中孩子下怀的，对孩子绝对是吸引力满满的！

4. 试错是否必须安排？

如果可能，我会建议让孩子体验一下"失败"的感觉，这会让他更容易接纳有效建议、使用辅助工具来实现目标。如果孩子认为这是一项并不难的任务，而你却要给他建议，那么你的建议在孩子眼里很可能就是强加给他的说教，孩子内心接纳的程度未必高。但是当他通过实践发现，看似很简单的任务，靠他自己的方法并不那么容易完成时，他会真心地接受建议。孩子是否有自发的动力，是所有行动执行和目标达成的重要因素。

一堂来自厨房的时间管理课——巧用"等待时间"

妈妈，我没事情做了

"妈妈，什么时候可以吃饭？我没事情做了！"

"我不要在车上睡，我要过会儿再睡！可是现在我没事情做，算了，我还是看看风景吧。"

"爸爸，几点了？（电视）节目怎么还不开始啊？我等得好无聊，我没事情做了！"

没事情做？怎么"破"？

一道数学题

"壹壹，妈妈这里有一道数学题，你有没有兴趣做做？"

"可以啊！"

"壹壹，这些是做一顿咖喱牛肉饭需要完成的全部事项，请你算一算，做一顿咖喱牛肉饭总共需要多长时间？"

"5 加 30 等于 35，35 加 20……嗯，算好了，一共要 140 分钟！妈妈，对吗？"

"妈妈今天晚上就给你做咖喱牛肉饭，你陪妈妈一起做，看看妈妈需要多长时间吧？"

项目	时长
淘米	5 分钟
煮饭	30 分钟
洗切配蔬菜	20 分钟
压力锅炖牛肉	40 分钟
牛肉放凉	20 分钟
牛肉切块	10 分钟
煮咖喱	15 分钟

（为了方便孩子的观察和计算，例如牛肉焯水洗净这样的步骤，我就直接从观察项目中去除了。）

厨房实战

"壹壹，我们要准备开始工作咯，现在是下午 5 点，按照你的计算，我们需要 140 分钟，差不多要接近 7 点半才能吃到咖喱牛肉饭，对吧？"

"啊？妈妈，要那么晚才能吃饭啊？"

"呵呵，壹壹看看到底什么时候能吃到饭吧！那我们就开始咯，看看壹壹算得对不对！这是妈妈等下要做的 7 件事情，壹壹看到妈妈做了什么，就把他们按顺序排好，待会儿可能有用！"

壹壹认真地跟在我屁股后面，看我做事；6 点多所有事做完可以吃饭了，壹壹惊讶极了！

"妈妈，我加法没有做错呀！应该是 140 分钟呀！"

"不着急，壹壹先把饭吃了，妈妈再来告诉你，到底是怎么一回事！"

时间的秘密

吃完饭后，我们开始解谜。

首先，壹壹将他看到的做饭步骤进行排序。

"壹壹猜猜那些颜色代表什么意思？"

"妈妈，我早就发现那些颜色了，我想了一想，就知道了！有牛肉的事情都是紫色的，有米饭的事情都是绿色的，对不对？"

"嗯，是呢，妈妈提前已经把不同的事情分类了，同一类的事情做起来的顺序是不能改变的，比如米没有淘洗就不能煮饭、牛肉没有煮熟也就没有把牛肉放凉等它冷却的事情了，对不对？"

壹壹点点头，我继续说："那我们现在把同一类事情按照做的顺序给他们标一下号吧。"

顺序	项目	时长
1	压力锅炖牛肉	40 分钟
2	淘米	5 分钟
3	煮饭	30 分钟
4	洗切配蔬菜	20 分钟
5	牛肉放凉	20 分钟
6	牛肉切块	10 分钟
7	煮咖喱	15 分钟

"好的！"壹壹在我的帮助下尝试了一会儿，终于把类别和同类的顺序都正确地标识了出来。

顺序	项目	时长	分类排序
1	压力锅炖牛肉	40 分钟	1a
2	淘米	5 分钟	2a
3	煮饭	30 分钟	2b
4	洗切配蔬菜	20 分钟	3
5	牛肉放凉	20 分钟	1b
6	牛肉切块	10 分钟	1c
7	煮咖喱	15 分钟	4

"真棒，现在我们要把所有的事情需要用的时间也都标出来，我们按照分类来将事情用不同的颜色涂满，然后看看做完这些事情需要多久吧！"

我们一起在格子里涂色，每一格代表 5 分钟，涂满相应的颜色后，壹壹拿着计算器兴致勃勃地计算出做完这些事情一共需要 140 分钟。

顺序	项目	时长	140分钟																										
1	压力锅炖牛肉	40分钟	1a																											
2	淘米	5分钟									2a																			
3	煮饭	30分钟									2b																			
4	洗切配蔬菜	20分钟																	3											
5	牛肉放凉	20分钟																				1b								
6	牛肉切块	10分钟																							1c					
7	煮咖喱	15分钟																											4	

"接下来，我们要变魔术了！"

壹壹瞪大眼睛，一副很期待的样子！"妈妈，快点快点，怎么变？"

"壹壹，你还记得妈妈是什么时候开始淘米的？"我看着壹壹停了会儿，继续问："是等牛肉都炖好了吗？"

壹壹想了想，说："不是的，牛肉一直在炖，你早就开始淘米了！"

"嗯，是的，妈妈把锅放在炉子上，开了火以后，就开始淘米了！"

我又拿出一章新表，请壹壹重新涂色，壹壹把淘米时间往前移，对着上一张表抄，一边抄，一边自言自语："煮完饭切菜、切完菜取牛肉。"不一会儿，他就按部就班地把表格都涂好了。

顺序	项目	时长	105分钟																			节省35分钟						
1	压力锅炖牛肉	40分钟	1a																										
2	淘米	5分钟	2a																										
3	煮饭	30分钟		2b																									
4	洗切配蔬菜	20分钟					3																						
5	牛肉放凉	20分钟													1b														
6	牛肉切块	10分钟																1c											
7	煮咖喱	15分钟																		4									

壹壹看着看着表格，点格子计算时间，得出制作时间是105分钟，他觉得不太对劲："妈妈，我明明记得不对啊！我们没有用那么长时间啊！"

"嗯，壹壹说得非常对！我们再来一起看看，还有什么地方涂得和妈妈实际做的不一样？壹壹，你看一下牛肉放凉是从什么时候开始的？"

"咦，炖完了不就拿出来了吗？这里怎么空开那么多！"说着壹壹就打算去改表格了！

我立即制止他："等等，我们看一下还有什么地方可以调吗？"

壹壹想了一会儿，看着我，我指了指切配蔬菜："回想一下，我们是等煮完饭了才开始切菜的吗？"

"哦！对哦！妈妈把饭放在电饭煲里就开始切菜了！"

"是啦！"

"我要把蓝色格子再往前移。"

我和壹壹一起手脚麻利地涂完了一张新表，壹壹看着被缩短了很多的表格，一脸不可思议，迫不及待地开始点格子，"哇！妈妈，妈妈！85分钟！我就说没有150分钟那么长吧！"壹壹看着自己的"作品"得意得不得了。

顺序	项目	时长	85分钟	节省多少分钟
1	压力锅炖牛肉	40分钟	1a	
2	淘米	5分钟	2a	
3	煮饭	30分钟	2b	
4	洗切配蔬菜	20分钟	3	
5	牛肉放凉	20分钟	1b	
6	牛肉切块	10分钟	1c	
7	煮咖喱	15分钟	4	

"嗯，一开始我们以为需要140分钟才能做完全部事情，而实际上我们只用了85分钟，壹壹想想这是为什么呢？"

我把所有3张表格放到一起，问："我们来比较一下这三张图，看看那55分钟是从哪里减去的吧。"

"格子都挪到前面去了！"

"嗯，是的！格子都往前挪了！不过，壹壹要先想一想，我们刚刚在做表格的时候，第一步做了什么？"

壹壹想了想，问我："是先想了妈妈是怎么做的，对吗？"

"嗯，是的，你看到妈妈操作的顺序，是妈妈已经排列好的，我提前计划好，这样一步一步做，才是最节省时间的！"

壹壹似懂非懂地点点头，我继续说："所以，要提前把你的步骤细分器都准备好，对吗？"

壹壹又点点头，我继续说："那我们再来想想，是不是有了正确的顺序就够了？"

"不是寸，还要那格子呢！"

"那些格子都代表时间，为什么我们可以不断把它们往前移呢？"壹壹听了有点茫然地看着我，又又说，"妈妈在等牛肉炖熟的时候，是不是就开始淘米了？如果我什么都不做，就等着牛肉炖好，这些时间是不是就浪费了？"

"嗯！对！"

"同样的道理，煮饭的时候，如果没有洗菜，而是等着，是不是格子就又不能往前挪了？时间又浪费了？"

"嗯！对对！"

"我们是把所有等待的时间都用上了，所以格子才能一直往前移，时间就节省出来了，对吗？"

"哇！妈妈，这太厉害了！"

两年后，又和壹壹发现，原来这竟然就是一道奥数题，解题毫无压力啦！算不算额外收获？

时间管理的价值

学会利用等待时间对处于时间高度碎片化时代的现代人是极为重要和有价值的，它可以让我们做事更有效率，而不是轻易地叫嚷"我的时间不够用！"它也可以让我们在有限的时间里做更多有价值的事情，而不是随便地埋怨"我没时间做！"

如何分析

→ 第一步：理清事件

- 罗列：重做一件事情时，总共会有多少个小的事件（步骤），把它们都整理出来。
- 分类：将强关联的事件归为一类，因为这些事件的发生顺序无法打破，因此需要在同类事件内将顺序固化。

→ 第二步：厘清时间

- 罗列：将每一个事件（步骤）需要的时间都一一列出。
- 连接：根据分类，将固化顺序的事件所需要的时间连接成时间轴。

→ 第三步：填充等待时间

将等待的时间尽可能地用后续事件填充，减少时间轴上衔接的空隙，使得时间的有效利用达到最大化。

如何实施

→ 第一步：引导孩子发现等待时间是可以被利用的

为什么孩子总会在等吃饭、等着看节目的时候叫着"没事可干"？为什么孩子宁可让自己无聊地干等，也不把这些时间利用起来？除去孩子可能要引起你的注意、需要你更多的陪伴等因素，很重要的一个原因是——他可能从未意识到，那些等待时间是可以被利用的。

因此，选择一个孩子可以理解的题材，给孩子一次直观的体验，他可能会恍然大悟：原来等待的时间被利用和不被利用，差异是如此大的！而他的内心，也一定会基于此做出一些判断和决定。

→ 第二步：引导孩子发现自己有哪些可以被利用的等待时间

可以被利用的等待时间是很多的，但最好不要从你的嘴里说出来，因为你说出来的是你的意愿、是说教，甚至可能是数落，而孩子自己说出来的，才可能是他真正有意愿去解决的。
"宝贝，说说看，哪些时候，你最容易觉得无聊、不知道可以做什么？"
……

→ 第三步：引导孩子发现等待时间适合做的事情

这里推荐《正面管教》中的一个工具——选择轮，你可以和孩子一起创造一个属于他的等待选择轮。

- 和孩子进行头脑风暴，列出所有他觉得可以在等待时间做的事情。
- 和孩子讨论，将你们都认可的事情列入（写入）选择轮。
- 引导、提醒孩子使用"等待选择轮"。
- 选择轮的材质与形式可以是圆形卡纸、转盘、筛子、"东西南北"折纸、抽签卡片等，只要可以把各种行动方案罗列出来，并且可以在使用时随机获取行动方案就行。
- 定期讨论更换"等待选择轮"的内容。

→ 第四步：提醒孩子执行

● 使用选择轮

当孩子在等待时间不知道可以做什么时，可以从选择轮里选择（主动或随机）一件事情去做。

如果孩子忘记使用选择轮，可以提醒他："看看等待选择轮会给你什么指示？"

● 帮助孩子做一些安排

如果没有制作选择轮，或者你认为等待时间的利用不是那么迫切，那么当孩子不知道要做些什么并且向你求助时，可

以帮助孩子做一些安排，让他可以摆脱因为没有事情可以做而觉得无聊的困扰。但是如果孩子并没有向你求助，那么要慎重考虑：是否要直接出手做安排，当手上出了安排，孩子是否真的愿意接受，或者会制造出一个矛盾，给你带来更大的挑战！

● 陪伴孩子一起做些什么

如果孩子的年龄确实小、又或者你的陪伴确实不够充足，在等待时间的利用上，不应对孩子过于苛刻，亲子关系在这一刻是最为重要的，放下你手上或许不那么紧急和重要的事情，陪伴一下孩子也是非常必要的！

1. 孩子没事情干，直接给他点事情干不就行了吗?

如果孩子一直依赖于我们的安排才知道自己应该做什么，即使年龄增长，他也很难知道在自己"无所事事"的时候应该做什么才是有益的，或者是他需要的。

同样在候机，你可以选择打游戏，可以选择四处闲逛，可以选择看书，可以选择办公……选择的标准可能来自价值观，而选择的能力从何而来？我想，得到过"训练"的人，才会更容易具备这样的能力。

2. 文章里提到选择轮，是什么事情都可以放进选择轮，让孩子自由选择的吗?

可以放进选择轮的事情是由你和你的孩子共同商量确定的，一旦你和孩子双方都认可了，孩子就应该在这些事情范围内有完全自由选择的权力，他可以自行决定做选择轮里任意的事情来让自己"不无聊"。所以，千万不要把你不能接受、不认可的事情放进去，不然等孩子真的执行了，你又会去干预、去说不!

当然，选择轮的内容也不是一经决定就不可更改的，可以和孩子约定一个时间来回顾选择轮的执行情况，同时做出必要的调整。

我要上小学啦——幼小衔接日程表（Schedule 4.0）

转眼，壹壹早子告别学龄前儿童的身份，成为一名小学生。

而小学前的最后一个暑假，将是他幼小衔接的分水岭，我想这个暑假正是训练他的自我管理、学习习惯的好时机。

授权——让孩子成为决策人

"壹壹从幼儿园毕业了，过完这个暑假，我们就是小学生了！"

"终于可以不用午睡了。"午睡困难户对再也不用午睡，还是很有期待的。

"嗯，是的。"

"那万一会困了呢？"

"那也非常办法，晚上休息得好一些了，因为上小学开始，下午就没有午睡了哦。"

"妈妈，我有点紧张。"

"是担心不习惯做一个小学生是吗？"

壹壹点头。我说："读书以后，壹壹的生活会有一些变化，起床时间可能要提早，因为上课的时间会比幼儿园早；下午，没有午睡了；放学后，还要写作业。我们要不要在暑假里就做一些调整，提前适应一下？"

"好呀，妈妈，是不是暑假我就可以不午睡了？"

"嗯，这个暑假开始，我们不午睡了！"

"那，暑假我可以睡懒觉吗？"

"老规矩！可以稍微晚一点点！"

"壹壹，想不想自己试着安排一下自己的暑假生活？"

"当然想啦！"

"那就让壹壹自己来安排吧！"

由孩子制定日程元素及具体安排

"哇，妈妈，这个表里除了起床惯例、学习惯例和睡觉惯例，什么都没有哎！"壹壹看到日程表的时候第一反应是这样的，"那我要做什么？"

"起床和睡觉两个惯例，壹壹应该都很熟悉了，这两个惯例内容没有什么变化，但是壹壹可以决定一下在暑假里两个惯例开始的时间。"

"那学习惯例呢？是不是每行表示我要做一件学习的事情，要做满 30 分钟？"

"嗯，一点没错！"

"那学什么呢？"

"你可以想想：有些什么可以学？"

"每天的学习可以不一样吗？"

"可以啊！但你要先想好有些什么可以学，并且安排好每天学什么！"

"那，听故事录音算不算？"

"当然算！"

最后，壹壹林林总总地选择了 6 种他认为都是学知识、长本领的项目放入学习惯例，而运动、桌游甚至画画，他认为都是玩，所以不放进学习惯例中了。

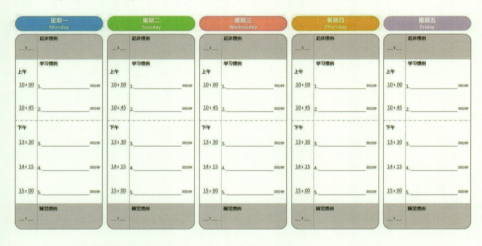

为学习项目制定目标

"壹壹，既然这些项目，我们都列入了学习惯例，那我们就要为它们分别制定一个目标。"

"每一个都要写?"

"嗯,不一个都要,我们可以先做第一周的目标,后面的可以暑假开始后再慢慢做。"

"哦,那妈你帮我一起吧!"

于是,他们一对每个学习项目都列出了数量或者程度上的目标,并且写下来,以便回顾总结的时候使用。

新的开始

学习惯的使用,是为了一定程度上让孩子在家庭中提前为学校生活做一些有效过渡。学习本身并非最重要,但固定时长的学习、注意力的锻炼都会让孩子受益,从而使其更容易进入小学生活。

所有的改变都是为了适应改变,壹壹,欢迎进入学童时代!

时间管理的价值

从日程表的角度而言,这份 4.0 版日程表的呈现形态只有一些细微的变化。最为关键的训练是让孩子作为主要的决策人来安排自己的生活,而父母则以决策的辅助者出现。这是极其重要而关键的一次变化,意味着自此,孩子可以逐渐自己独立管理自己的生活,为未来进一步训练"知其然,更知其所以然"打下基础。

如何分析

→ 第一步:确定目标

幼小衔接最重要的事情是什么?

- 合理、有规律的作息
- 固定、有效的学习(习惯养成)

- 注意力训练
- 劳逸结合

而这些就是我们这个暑假最为重要的目标,日程表的内容设置要帮助我们实现以上这些目标。

→ 第二步:明确方式

要让起床、睡觉惯例发挥作用来引导孩子的作息。暑假实际一定会有更宽松的作息,因此作息时间可以不与开学后的正式时间保持一致,但在临近开学前,应该逐渐让孩子调整作息时间,从而减少突然调整带来的不适应。

要为孩子进行有序的学习内容安排,帮助他进行学习习惯的养成和集中注意力的训练。可以结合小学生通常上午 4 节课、下午 2 ～ 3 节课、每节课 35 分钟的学习设置,做出最适合于尚未入学孩童现状的安排,课时和课程数量都应适当缩短,让孩子可以循序渐进地得到锻炼。考虑到孩子实际的作息安排,可以把学习惯例设置为上午 2 个任务、下午 3 个任务,单次 30 分钟,既能达到训练目的,也留出了足够的时间让孩子可以有娱乐活动,保留了孩子自由玩耍的权力。

如何实施

→ 第一步:引导孩子了解目标

提前让孩子知道小学与幼儿园生活的一些变化,邀请孩子为适应这些变化提前做一些准备。对新的事情,孩子一般都有兴趣,如果孩子进一步理解这件事是为了让他更容易适应之后的生活,或许他会更认真地参与。

→ 第二步:向孩子授权

明确告诉孩子,在这次暑假日程表的安排上,他拥有自由决定惯例元素的权力,父母只会在必要时提供帮助。

→ 第三步:协助孩子决定学习惯例元素

其实体育、画画、甚至是玩益智玩具,都可以被纳入到学习惯例中,但孩子可能有自己的

想法。既然把权交给孩子，就要尊重孩子的选择；如果孩子的确把相当多的非知识、学习型项目纳入学习惯例中，父母可以适当引导孩子看看学习惯例的时长限制以及学习惯例以外的空白时间，帮助孩子做出更适宜于达成"适应小学生活"这一目标的选择。

→ 第四步　引导孩子根据惯例元素设定学习目标

引导孩子根据孩子自己确定的元素，决定在 30 分钟的时间内应该达成的学习量，同时以周为单位，确定所有学习惯例元素中的学习目标，以便在每周的回顾中做出总结，并对下一周的学习惯例安排及目标设置做出合理调整。

→ 第五步　支持孩子的执行过程

尊重孩子在实际学习决定权，在执行过程中，给予他必要的支持，包括必要的提醒、监督以及协助总结，让孩子看到他的决定得到有效实现，使他不断增强决策的信心。如果孩子在执行过程中出现纰漏，帮助他调整方法、目标，让他在错误中学习、成长，这对孩子的未来是有益的。

1.就要读书了，要"收骨头"吃苦了，最后一个暑假还不让孩子放松一下？

学习是辛苦的，但不是只有苦！对于学习生活的不适应，是与作息、习惯有很大关联的。孩子应做到该学习的时候学习、该玩耍的时候玩耍。当一个人能面对清晰的目标，更自律地支配自己的行为，安排自己的生活，其实，学习生活也可以是高效但不痛苦的。

所以，提前让孩子适应新的作息，让孩子体验什么叫"该学习的时候学习"，对他未来适应度的提高是非常有帮助的。劳逸结合不代表不放松，晚睡晚起、看电视、打游戏甚至无所事事更不代表放松。

2.这是在鼓励超前学习！零起点不是更好吗？

孩子在玩耍、游戏、体育活动中都可以学习，重要的是孩子当下是否喜欢并且愿意参加学习活动、是否能够吸收所学的知识或技能。当然，最终是否要让孩子进行知识技能学习，是父母选择的结果，如果父母本身并不愿意这样做，那也不必勉强自己去给孩子安排学习活动，强扭的瓜不甜，对孩子是这样，对父母也是。

 3. 既然是幼小衔接，直接按照小学课程表的方式来做安排，不是更好吗?

课程表的确是一种很朴素的日程表呈现形式，而且我确实见过不少父母用这种方式来安排孩子的假期生活，但我不推荐直接使用，主要有几个原因：

- 家庭环境中，缺少学校氛围、制度的约束，这种密集学习安排，很难通过家庭主要照顾人的管教来实现。
- 不适合孩子的实际状态：这个阶段孩子的注意力集中有效时间也就在 20 分钟左右，在家庭环境中，设置类似课程表的学习安排，很多时候都可能是无效的。
- 孩子毕竟还没开始正式上学，所以还是给孩子一些自由、宽松的时间做一些和学习没有直接关联的事情吧!

暑假学习安排 不可取

	周一	周二	周三	周四	周五
上午	数学	拼音	数学	拼音	英语
	英语	数学	英语	数学	写字
	写字	英语	写字	英语	数学
	看故事	看故事	看故事	看故事	看故事
下午	画画	写字	画画	写字	画画
	游泳	拍球	游泳	拍球	游泳

4. 这张暑假日程表里为什么没有包含周末时间?

这是一张围绕着基本作息和学习项目设置的日程表,和开学后的生活类似,周一至周五有比较明确的学习安排。而周末肯定会有所不同,可以有更多的家庭娱乐、调整修养的安排,因此,在这张暑假日程表中,将周末时间进行了留白处理。

如果要对周末时间做出安排,可以参考"我的周末我做主——周末日程表"(第 134 页)的相关内容。

5. 如果按照时间轴,把每天的安排都做好,而不只是安排作息、学习惯例,可以吗?

当然可以。但这对孩子和家长的要求也会更高,因为既定的内容越多,对计划决策、回顾总结、有效执行的要求也就越高。

但无论怎样,请一定记得:父母不要试图把孩子的日程排得满满当当,平心静气地看着孩子按部就班地执行日子。孩子毕竟只是孩子,童年也只有一次,适度,最好!

附录
儿童时间认知
书单推荐

>>>>

　　首先，想说明我对绘本阅读的观点：我历来倾向于"无目的阅读"——去除所有教育目的的纯粹阅读，不为了讲道理、不为了养成生活习惯、不为了识字……我相信不带这些目的的阅读，能让孩子体会纯粹阅读的快乐。

　　当然，绘本的确是一个值得一再被开发的宝藏，多次阅读、深度阅读，才能把绘本的各种价值更进一步地发挥出来，但和体会阅读之乐、阅读之美相比，我觉得这种价值开发是次要的。

　　以下这些与时间主题相关的书，都是适合学龄前孩子阅读的。如果你的孩子说："讲故事就是讲故事，不要提问题！"（这可是壹壹皱着眉头一本正经和我说过的原话）那么带着孩子泛读就可以了。如果孩子有兴趣跟随你一起精读，那么有意识地将绘本阅读与时间管理训练相结合，也是很值得一试的。总之，一切都以孩子的实际情况为唯一判断标准。

学习时间的书

以下几本书，推荐所有即将带着孩子做时间管理训练的父母和孩子一起看，这些书的内容涉及两个不同的角度：内在——思维习惯、外在——时间与钟面认知，提供了时间管理训练所必需的知识。

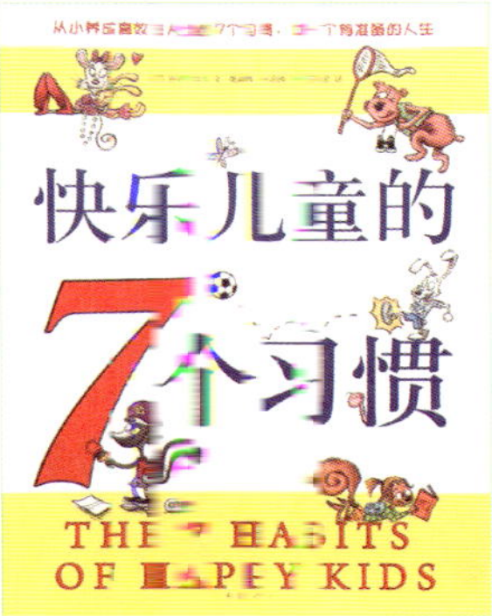

1 《快乐儿童的 7 个习惯》

作　者：（美）肖恩·柯维（文）；（美）斯戴西·柯蒂斯（图）

译　者：范晓星

出版社：南海出版公司

这是《高效能人士的七个习惯》的儿童版，是帮助孩子理解“积极主动、以终为始、要事第一”这三个概念的一本重要的书，可以视作是孩子进行时间管理训练的“纲领”。但是，这不是一本适合 3、4 岁孩子阅读的图书，所以哪怕可以视作纲领，却不需要从很小的时候就开始阅读。比较适合我们中国孩子的起始阅读时间至少是幼儿园中班以后，但基本也只是在孩子心里埋下一颗种子，家长不必指望孩子能真正理解，甚至也不必带领孩子完整地阅读 7 个习惯。

我和孩子这样读（关键词：互动问答）

我第一次带孩子读这本书时，孩子 5 岁不到，我分 7 次和他一起阅读完毕，每次只读一个习惯，并按照书上的提示，做了问答互动。虽然我并不喜欢教科书式的阅读方式，但孩子不抗拒，我也就随遇而安了，顺便也知道了孩子是怎么理解这 7 个习惯的。所幸，书的内容经过了童话故事的包装，让孩子多少有一点明白。

当我在之后的训练项目中，请孩子在他的承诺书上盖指印做出承诺时，他说："嗯，我知道的，自己的事情自己负责！"不管真懂假懂，反正孩子好像是有一点点懂了。

2 《你好，时间！》

作　者：（法）帕丝卡·艾斯特隆

译　者：阮名铭

出版社：广西师范大学出版社

这是我认为目前市面上可以买到的，关于儿童时间知识认知的适用性最强的一本书。

这本书里的每个知识点都列得非常可视化。尽管因为国情不同，有些内容还是有点水土不服，但总体上，知识点还是以最适宜于孩子理解的方式展现在了孩子面前。这本书以深入浅出、充满童趣的方式让孩子认识"从 1 秒到 1 年"，认识钟面、日历、日程表。孩子要进行基本的时间知识认知，读完这一本书就够了。但是如果认为学完这本书，孩子就会做时间管理了，那也是痴人说梦了。

我和孩子这样读（关键词：初识时间）

这本书，从知识认知的角度而言，并不难阅读。可以带着孩子通读一遍书中的内容，再继续带着孩子把书里后半部分的各种手工也做一遍。钟面认识、日程表的使用，虽然都在这本书里有所涉及，但认知与实际运用之间还有很远的距离，需要配合有序组织的时间管理训练。

在我带着孩子做到第三阶段日程表训练时，我使用了这本书，虽然我们实际使用的日程表比上的内容更复杂，但孩子对年、月、周的概念以及日程表的基本形态可以有一定了解，对日常使用的日程表产生亲切感。这样书里的"死知识"就和训练中的"活运用"形成了非常好的呼应关系。

← 3 《时钟的书》

作　者：（日）松井纪子

译　者：金海英

出版社：北京科学技术出版社

在我眼里，这套书故事情节平常、画风朴实，在众多令人眼花缭乱的绘本里，实在不起眼，至少一开始，我也不太愿意多读几遍。但它确实很务实、很具象，富有趣味地将两根指针与钟面之间的关系讲得清清楚楚、明明白白。比较适合"功利"地去使用的工具书，因为读完之后，孩子确实就明白钟面上的那些事了。

和孩子这样读（关键词：认识时钟）

儿子在5岁时第一次看这套书，纯粹当一个故事听，听完了，也就结束了，到6岁时，他自己又把这套书翻了出来，因为当时他已经可以独立阅读，我就坐在一边听他自己读。神奇的是：他一边读，一边磕磕绊绊地按照书里的指示读出了图画上的钟面时间，读出了从整点到半点再到整个钟面的时间显示。

我边听边觉得惊奇，等儿子合上书，我干脆把墙面上的钟取下来，和他开书作起"你问我答"的游戏——然后，我确认，儿子确实认钟了！

在认知钟面的过程中，多湖辉的《时间启蒙》一书也适合用来帮助孩子学习，并找出查看复习。

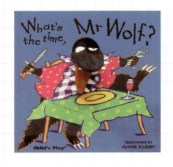

4 *What's the time, Mr.Wolf?*

作　者：Annie Kubler

出版社：Child's Play (International) Ltd.

这是儿童游戏"老狼，老狼，几点了？"的同名绘本，展现了老狼在一天中各个时间段的活动轨迹，我们也能在画面上看到各种钟表上指针的变化。

我和孩子这样读（关键词：游戏）

这是一个甚至可能不那么着调的时间游戏，但却真的是童年回忆，我相信孩子也会喜欢。请孩子邀请他的三五好友，一起玩一场"老狼，老狼，几点了？"的游戏吧！

5 *Splat the Cat – the Big Helper*

作　者：Rob Scotton

出版社：HarperCollins Publisher

Splat 的爸爸妈妈给了他一张 To Do List，Splat 觉得枯燥无味，乱做一气，把家搞得一团糟。爸爸建议他做的时候找点乐子，于是他在各种想象的情境里愉快地完成了清单里的任务，还发现了一个意外的"好处"！

我和孩子这样读（关键词：练习）

家长可以借助绘本，直接和孩子聊聊他自己正在做的任务清单（To Do List），可以请他发挥想象，为每一个"任务"想象一个角色、情境，这样是不是可以把时间管理的训练变得更有趣呢？

感受时间的书

　　以下这些是和时间有关联的绘本，推荐给所有爱阅读的孩子。孩子可以通过阅读感受时间的存在。时间可以不只是概念、训练，它可以如阳光、蜜糖一般，在绘本里，我们可以一起感受、体会它。

1 漫长的人生：《花婆婆》

作　者：（美）芭芭拉·库尼

译　者：方素珍

出版社：河北教育出版社

　　一个名叫艾莉丝的小女孩，她答应爷爷三件事：第一件事是去很远的地方旅行，第二件事是住在海边，第三件事是做一件让世界变得更美丽的事。时光慢慢过去，艾莉丝把这些"梦想"一一实现……满头白发的花婆婆将鲁冰花种在山坡、乡间小路边、教堂后面……世界因此变得更美丽。

我和孩子这样读（关键词：梦想）

　　和孩子讨论他的梦想：长大了想做什么事？请孩子把他的梦想画在卡片上。如果孩子稍微大一些了，还可以讨论一下怎么做才有可能实现他的梦想。

2 成长的故事：《爷爷一定有办法》

作　者：〔加〕吉尔曼
译　者：宋　珮
出版社：明天出版社

约瑟有一条小毯子，是出生时爷爷缝制的。约瑟渐渐长大，毯子小了、旧了，爷爷把毯子改成了外套。后来，外套被爷爷改成了背心、改成了领带、改成了手帕、改成了纽扣，最后纽扣不见了……但它们见证了约瑟的成长。

长大，就是这样一种持续变化，伴随着不知不觉的时光流逝。

我和孩子这样读（关键词：成长手册）

和孩子一起整理他自己从出生至现在的每一年的照片，集结成册，让他看到自己从襁褓中的婴儿变成天真孩童、翩翩少年的成长变化。

3 一轮十二年：《十二生肖的故事》

作　者：赖马
出版社：河北少年儿童出版社

子丑寅卯可能不适合说给小小孩听，但属相确实是要让孩子熟悉的。十二生肖的故事版本很多，我独爱赖马这一版，无论是文字还是图案，都是既传统、又"无厘头"，孩子绝对会爱不释手。

我和孩子这样读（关键词：采访）

请孩子采访家里的每一个人，知道每一位家庭成员的属相。问问孩子：为什么自己和外婆都属牛，但年龄却不相同呢？家里人凑不齐十二个生肖，学校或幼儿园里有其他属相的人吗？

← 4 一年四季：《大自然的声音》

作　者：（法）吉尔贝特·纳娅姆·布尔热（文）；（法）朱利亚·沃特斯（图）

译　者：张　戈

出版社：湖南少年儿童出版社

这是一本无文诗绘本，没什么具体的情节，不适合学习，只适合感受。画面呈现出四季的色彩变化，四季的各种声音被巧妙地、无声地传递到读者的脑海里。

我和孩子这样读（关键词：观察）

带着孩子去旅游，给他一些记录的工具，如一本本子、一部手机，让他画下或者拍下所看到的，录下所听到的。经过一年四季，孩子就有了自己的四季体验了。

5 一个月：《有趣的月亮观察绘本》

作　者：（日）大枝史郎（文）；（日）佐藤美纪（图）

译　者：李　丹

出版社：九州出版社

这是一本很独特的科普读物，能让孩子了解月亮 29.5 日的盈亏旅程。虽然书中的传说、故事都很"日本化"，但仍然很容易引起东方人的共鸣。这本书的内容对学龄前孩子而言比较深，但作为一本普及型的读物还是值得一读。

我和孩子这样读（关键词：观察）

安排一次为期一个月的观月活动，带着孩子每天（或者至少每周）做一次月亮的观察记录，让孩子自己制作一张月相图。如果只是学龄前的孩子，观察记录即可；如果是更大的孩子，可以讲讲公转、自转的知识。

6 一周：《好饿的毛毛虫》

作　者：（美）艾瑞·卡尔

译　者：郑明进

出版社：明天出版社

一颗小毛毛虫，从周一、周二……一直到周日，吃着各种食物，慢慢长大，结茧、化蝶。这本关于毛毛虫的绘本应用方式极为多样，如何应用主要取决于我们希望引导孩子看见什么，这一次选择的关注点是——一个星期。

我和孩子这样读（关键词：桌游）

这是一条由1个头和7段身体组成的毛毛虫，周一、周二、周三……组成了每段身体的名称。游戏开始前，每人可以拿到1个毛毛虫的头和代表周日的尾巴，然后通过扔骰子不断获得剩余的6段身体。最先集齐所有身体、完成排序的人，就是胜者！这是让孩子试试手气、练练耐心的小游戏，非常适合幼儿园的孩子们一起玩。

7 一天：《夜色下的小屋》

作　者：（美）苏珊·玛丽·斯万森（文）；（美）贝斯·克罗姆斯（图）

译　者：赵　可

出版社：新星出版社

这是充满诗意的绘本，黑色的画面中，星星点点地点缀着灯光、月光。黑夜慢慢地过去，无论黑夜如何漫长，太阳都会从东方升起，阳光重新洒满大地，新的一天又来了。

我和孩子这样读（关键词：观赏）

找一天，和孩子在黎明时分起床，看月亮淡淡地挂在天上，然后太阳慢慢升起、朝霞满天……天亮了！再找一天，傍晚看太阳落山，晚霞染红了整个天空，然后月亮慢慢地出现，时不时有一朵云飘过，星星在一旁闪烁。如果是在山顶、乡间看，当然最好；如果只是在家中，哪怕高楼林立，又何妨。

8 一小时：《一小时之间》

作　者：（美）苏珊·史蒂芬·克朗梅（文）；（美）桃乐丝·多诺修（图）

译　者：沙永玲

出版社：五洲传播出版社

　　这是一本传阅率并不高的绘本，风格很特别，描述了一个发生在清晨 6:00 ~ 7:00 之间的由一只小老鼠引起全城清醒的无厘头故事。时间在一点点地过去，一个小时后，时间到了，该起床了！

我和孩子这样读（关键词：记录）

　　带领孩子有意地观察、记录自己的一个小时生活：起床后的一个小时、放学后的一个小时……在任意地方的任意一个小时中，会有怎样有趣的事情发生呢？每天的这一个小时中，发生的事情相似吗，会不会有它们特别的规律呢？也可以借此来引导孩子找到自己的生活规律，也许还能完成一张 1 小时惯例表呢！

9 趣味：《金老爷买钟》

作　者：（美）哈群斯

译　者：陈太阳

出版社：少年儿童出版社

　　金老爷的钟坏了吗？为什么当他跑到不同的房间时，每个房间里的钟总是显示不一样的时间呢？于是金老爷去买了一只又一只的新钟，却为什么仍然改变不了不同房间时间不一样的情况呢?

时间一直在走远，从不等人。

我和孩子这样读（关键词：游戏）

带着孩子做一次钟老爷：在家里的不同房间放上钟表，让孩子在自己身上也带着一块钟表，带领孩子穿梭在各个不同地点，感受时光的流逝……

10 实践：《时间的故事》

作　者:（法）玛丽－伊莲·普拉斯，（法）费奥朵拉·斯坦乔夫（文）；

（法）卡罗琳·封丹－里奇耶（图）

译　者：苏　迪

出版社：华东师范大学出版社

什么是明天？什么是 10 月 8 日星期五？什么是 3 分钟？什么是 1 年？时间的概念很重要，却很难向孩子解释清楚。这本贯穿着蒙台梭利理念的小书，以生活中的小事与家庭中随处可见的细节为线索，让孩子感受时间、认知时间，从而理解时间并珍惜时间。

我和孩子这样读（关键词：画一画、记一记）

和孩子一起画一棵家庭树，认识一下家族中的每一个人，从最年轻的到最年长的。

参考书中的方式做一张"巨型"的时间轴工具，张贴到墙上，记录每一天，感性地体验一年是如何度过的，并且留下珍贵的记忆。

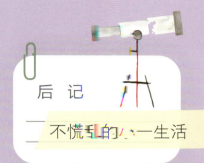

后 记

不慌乱的小一生活

完成这本书稿后不久，儿子壹壹迎来了他的小学一年级生活。

慌乱吗？还好

紧张吗？还好

相比幼儿园时，壹壹在家可以随意支配的时间是有所减少的，学校的听读作业、家庭阅读、课外的学习项目需要更合理地安排好时间，才能有条不紊地进行，还要留出足够的休息和娱乐时间。幸好，壹壹对工具已经相当熟稔，当我们在家重拾"番茄钟"和"To Do List"后，他对自己学习生活的自我管理，也慢慢地有了更好的成效。

与此同时，我对壹壹的时间管理训练，也进入了一个新的阶段——逐渐放手，将决策权交给他！这是从带他看到"时间是如何被吃时间的怪兽吃掉"开始的！回顾过去这些年的感性积累，我想，从感性走向理性的过程会是更有趣的尝试。

有小一亲子的妈妈问我：有什么好办法让孩子更好地做时间管理吗？我想，如果真的从来没有陪伴孩子做过时间管理的训练，我会非常推荐从这本书的"给3岁后的孩子"开始读，并循序渐进地去记。虽然这本书看似是写给学龄前儿童的，但它本质上适用于任何一个从零开始做时间管理训练的孩子。

开学三周后，壹壹开始每天从学校带回一本由孩子们自己记录的备忘录，老师引导孩子们用字母缩写、简笔画来记录回家需要完成的任务。我戏称它为密码本，因为孩子用了自己最理解的方式去做记录，这使得孩子更有可能独立地去使用它。每天晚上，壹壹对照着密码本逐一完成任务，打勾确认，这不也正是在使用"To Do List"，学习自我管理吗？和学校理念不谋而合的感觉，也是棒棒的！

给孩子练习的机会、给孩子信任，同时给孩子足够的支持与引导，这是我们在孩子成长过程中，给孩子的最有价值的帮助。

让我们一起，陪孩子学习如何打败吃时间的怪兽吧！

图书在版编目（CIP）数据

打败吃时间的怪兽：儿童时间管理图解／浣溪著 .—上海：华东师范大学出版社，2018

ISBN 978-7-5675-6559-3

Ⅰ．①打… Ⅱ．①浣… Ⅲ．①时间－管理－儿童读物 Ⅳ．① C935-49

中国版本图书馆 CIP 数据核字 (2018) 第 139716 号

打败吃时间的怪兽：儿童时间管理图解

著　　者	浣　溪
特约策划	秦玉兰
项目编辑	金爱民　沈　岚
审读编辑	王　隽
责任校对	张多多
版式设计	马丹娜　宋学宏
封面设计	马丹娜

出版发行	华东师范大学出版社
社　　址	上海市中山北路 3663 号　　　　邮编　200062
网　　址	www.ecnupress.com.cn
电　　话	021-60821666　行政传真　021-62572105
客服电话	021-62865537　门市（邮购）电话　021-62869887
地　　址	上海市中山北路 3663 号华东师范大学校内先锋路口
网　　店	http://hdsdcbs.tmall.com

印　刷　者	上海晨熙印刷有限公司
开　　本	787×1092　　16 开
印　　张	13.5
字　　数	256 千字
版　　次	2018 年 12 月第 1 版
印　　次	2020 年 8 月第 2 次
书　　号	ISBN　978-7-5675-6559-3/G·10419

定　　价	64.00 元
出版人	王　焰

（如发现本版图书有印订质量问题，请寄回本社客服中心调换或电话 021-62865537 联系）